T. 2230.
A n - 3.

OEUVRES
DE MONSIEUR
DE SAINT-EVREMOND,

Publiées sur les Manuscrits de l'Auteur.

Nouvelle édition revûë, corrigée & augmentee de la vie de l'Auteur.

TOME TROISIE'ME.

A LONDRES,

Chez JACOB TONSON, Libraire, à *Grais-Inn-Gate*,

Et se vendent chez les Libraires François, dans le *Strand*.

M. DCCXV.

TABLE
DES PIECES

Contenuës dans ce troisiéme Tome.

I. Lettre à Mr. le Comte de Lionne. Peut-être n'êtes-vous pas à Paris. 1

II. Au même. Je viens de recevoir la Lettre. 3

III. Au même. Si je ne consultois que la discretion. 5

IV. Au même. Quand je ne regretterois pas. 7

V. A Mr. le Maréchal de Crequi, qui m'avoit demandé en quelle situation étoit mon Esprit, & ce que je pensois sur toutes choses dans ma Vieillesse. 8
   De la Lecture & du Choix des Livres. 15
   De la Poësie. 17
   De quelques Livres Espagnols, Italiens, & François. 20
   De la Conversation. 25
   Des Belles Lettres, & de la Jurisprudence. 32
   Sur les Ingrats. 39
   Sur la Religion. 45

VI. Sur la Vanité des Disputes de Religion,

TABLE.

& le faux Zele des Persecuteurs. Stances Irregulieres. 60

VII. Probléme à l'imitation des Espagnols. A Mademoiselle de Queroualle. 62

VIII. Lettre à Mr. le Comte d'Olonne. Aussi-tôt que je sus vôtre Disgrace. 66

IX. Sur les premieres années de la Regence. A Mademoiselle de l'Enclos. Stances Irrégulieres. 76

X. De la Tragedie Ancienne & Moderne. 78.

XI. Sur les Caracteres des Tragedies. 91

XII. A un Auteur, qui me demandoit mon sentiment d'une Piece où l'Héroïne ne faisoit que se lamenter. 102

XIII. Lettre à Mr. le Comte de Lionne. Quelques fâcheuses que soient mes Disgraces. 106

XIV. Discours sur les Historiens François. 109

XV. Reflexions sur nos Traducteurs. 131

XVI. Sur les Tragedies. 144

XVII. Sur nos Comedies, excepté celles de Moliere, où l'on trouve le vrai esprit de la Comedie. 150

XVIII. De la Comédie Italienne. 156

XIX. De la Comédie Angloise. 163

XX. Sur les Opera. A Monsieur le Duc de Buchingham. 169

XXI. Les Opera. Comédie. 185

XXII. Sur l'Amitié. A Madame la Duchesse Mazarin.

DES PIECES.
Mazarin 280
XXIII. *A mon Heros le Comte de Grammont.*
   On peut aimer toute sa vie, &c. 292
XXIV. *Lettre à Mr. le Comte de St. Albans.*
   Il n'y a si bonne Compagnie qui ne se separe. 295
XXV. *Idylle en Musique.* 299

LETTRE
A Mr. LE COMTE
DE LIONNE.

ONSIEUR,

PEUT-ETRE n'êtes-vous pas à Paris : peut-être y êtes-vous, & que vôtre silence est plûtôt un effet de vôtre oubli, que de vôtre absence : mais quand cela seroit, je vous ai trop d'obligation de vos soins passés, pour me plaindre de vôtre indifference présente. Je ne demande point de vos nouvelles, pour vous fatiguer d'une réponse, & rétablir un commerce, qui vous déroberoit des heures que vous saurez mieux employer : mais, Monsieur, vous devez quelque chose encore à vôtre amitié, & vous vous en acquitterez, si vous trouvez quelque moyen par vous ou par autrui, de me faire savoir que vous vous portez bien. La nouvelle de vôtre santé me donnera une joye, où vous êtes plus interessé que personne ; & si vous étiez de mon humeur, vous croiriez que se bien porter, vaut mieux que commander à tout le monde. Il n'est point de trésors qui vaillent une année de santé.

Excusez, Monsieur, le caquet d'un infirme, qui se trouvant un quart-d'heure de santé, ne croit pas qu'on puisse parler d'autre chose. Peut-être étiez-vous de mon humeur, quand vous aviez quelque relâche dans les douleurs de vôtre bras cassé, & de toutes vos blessures. Aujourd'hui que vous êtes pleinement guéri, goûtez-en le plaisir, & me laissez faire de tristes reflexions sur la chanson que vous m'avez apprise :

Mais helas ! quand l'âge nous glace,
Nos beaux jours ne reviennent jamais.

S'il y a quelques airs aussi agréables que celui-là dans la musique de la feste de Versailles, je vous prie de me les envoyer notés, & vous obligerez un homme qui est plus que jamais, &c.

AU MEME.

JE viens de recevoir la lettre que vous m'avez fait l'honneur de m'écrire, avec les airs que vous m'avez envoyez. J'aurois mille graces à vous rendre: mais connoissant vôtre inclination à m'obliger, vous me permettrez, s'il vous plaît, d'être un peu lent aux remerciemens, car le redoublement continuel des obligations pourroit fatiguer une reconnoissance délicate comme la mienne. Croyez pourtant que je suis sensible comme je dois, & que vous pouvez disposer de moi plus que d'homme que vous connoissiez.

Je n'ai jamais été si surpris que de voir vendre ici trois petits livres, qu'on dit de moi, & qui s'impriment à Amsterdam. Il y a environ vingt ans que je fis de petits discours sur les maximes qui sont dans ces petits livres-là: je ne sai qui les a pu avoir. Continuez, je vous supplie, à m'aimer toûjours, & croyez que vous n'aurez jamais un ami plus sur & plus passionné pour vôtre service. Quand il y aura quelque chose d'agréable, je vous supplie de me l'envoyer. Si-tôt que la réponse de Monsieur Arnauld à M^r. Claude (1) sera imprimée,

_____
(1) *La perpetuité de la* | *foi de l'Eglise Catholi-*

mée, je vous supplierai de me l'envoyer avec la replique de M. Claude, qui suivra bientôt assurément, *habitâ ratione* du port, c'est-à-dire, par une autre voye que celle de la poste.

Ne laissez pas de continuer à m'obliger: quelque délicate que soit ma reconnoissance, elle durera autant que moi, & je n'oublierai jamais tout ce que vous faites pour mes interêts.

AU

que touchant l'Eucharistie, défenduë contre le livre du Sieur Claude, Ministre de Charenton.

AU MEME (1). III.

SI je ne consultois que la discretion, je pourrois vous épargner la fatigue de recevoir de mes lettres, & la peine que vous donnera une réponse, que par honnêteté vous me voudrez faire: mais comme je suis homme à songer autant à mon plaisir qu'au vôtre, vous trouverez bon que je prenne celui que j'ai de vous entretenir; & tout ce que je puis faire pour vous, Monsieur, est de n'en pas abuser par un trop fréquent usage. Si vous saviez la peine que j'ai à me contraindre là-dessus, vous me pardonneriez aisément ce que je fais, par la violence que je me donne à n'en pas faire davantage.

Je suis revenu dans une cour, après avoir été quatre ans dans une république sans plaisir, ni douceur; car je crois que la Haye est le vrai pays de l'indolence. Je ne sai comme j'ai ranimé mes sentimens: mais enfin il m'a pris envie de sentir quelque chose de plus vif: & quelque imagination de retourner en France, m'avoit fait chercher Londres, comme un milieu entre les courtisans françois & les bourguemestres de Hollande. Jusqu'ici je

pou-

(1) Mr. de St. Evremond écrivit cette lettre après son retour en Angleterre, en 1670.

pouvois demeurer dans la pesanteur, ou, pour parler plus obligeamment, dans la gravité de Messieurs les hollandois : car je ne me trouve gueres plus avancé vers la France que j'étois ; & l'étude de vivacité que j'ai faite, nuit fort à mon repos, & me recule de l'indolence, sans m'avancer vers les plaisirs. J'entens celui que je m'imaginois, à vous voir à Paris, ne laissant pas, à dire le vrai, d'en trouver ici parmi beaucoup d'honnêtes gens.

Monsieur le Duc de Buckingham, vôtre ami, m'a dit que j'avois beaucoup d'obligations à Monsieur de Lionne le Ministre. Je vous supplie, Monsieur, de lui rendre mille graces de ma part. Je suis un de ses admirateurs ; mais mon admiration ne vaut pas la peine qu'il s'est donnée, & sa seule generosité l'a fait agir si noblement. Je vous conjure d'en avoir assez pour vous souvenir quelquefois de vôtre très-humble & très-obéïssant serviteur.

AU MEME. IV.

QUAND je ne regreterois pas Monsieur de Lionne le ministre par mon propre interêt, vôtre seule considération m'auroit fait recevoir la nouvelle de sa mort (1) avec beaucoup de douleur. Tout le monde le regrette à Paris, à ce qu'on me mande; & je vous puis assurer que les étrangers honorent sa memoire avec les mêmes sentimens qu'en ont les françois. Quelque mérite qu'ayent eu les plus grands ministres de nôtre état, on s'est toûjours réjoüi de leur mort, & il a fallu du tems pour passer de la haine de leur personne à la véneration de leurs vertus. Monsieur de Lionne est le seul qui ait fait apprehender de le perdre, & fait connoître ce qu'on a perdu au même instant qu'il est mort. Faire de longs discours sur la mort des grands-hommes, c'est vouloir ajoûter quelque chose de triste & de douloureux à la mort même : elle n'a pas besoin de ces aides-là pour être funeste ; ce qui m'en fait finir l'entretien, & vous assurer qu'on ne ne peut pas être plus veritablement que je suis, &c.

(1) Il mourut en 1671.

A Mr. LE MARECHAL
DE CREQUI,

Qui m'avoit demandé en quelle situation étoit mon esprit, & ce que je pensois sur toutes choses dans ma vieillesse.

QUAND nous sommes jeunes, l'opinion du monde nous gouverne, & nous nous étudions plus à être bien avec les autres qu'avec nous : arrivés enfin à la vieillesse, nous trouvons moins précieux ce qui est étranger, rien ne nous occupe tant que nous-mêmes, qui sommes sur le point de nous manquer. Il en est de la vie comme de nos autres biens ; tout se dissipe quand on pense en avoir un grand fond : l'économie ne devient exacte que pour ménager le peu qui nous reste. C'est par-là qu'on voit faire aux jeunes gens comme une profusion de leur être, quand ils croyent avoir long-tems à le posseder. Nous nous devenons plus chers, à mesure que nous sommes plus prêts de nous perdre. Autrefois mon imagination errante & vagabonde se portoit à toutes les choses étrangeres : aujourd'hui mon esprit se ramene au corps, & s'y unit davantage. A la verité, ce n'est point par le plaisir d'une douce liaison; c'est par la necessité du secours & de l'appui mutuel qu'ils cherchent à se donner l'un à l'autre.

En cet état languissant, je ne laisse pas de me conserver encore quelques plaisirs : mais j'ai perdu tous les sentimens du vice, sans savoir si je dois ce changement à la foiblesse d'un corps abattu, ou à la modération d'un esprit devenu plus sage qu'il n'étoit auparavant. Je crains de le devoir aux infirmités de la vieillesse, plus qu'aux avantages de ma vertu, & d'avoir plus à me plaindre de la docilité de mes mouvemens, qu'à m'en réjoüir. En effet, j'attribuërois mal-à-propos à ma raison la force de les soumettre, s'ils n'ont pas celle de se soulever. Quelque sagesse dont on se vante en l'âge où je suis, il est mal-aisé de connoître si les passions qu'on ne ressent plus, sont éteintes ou assujetties.

Quoi qu'il en soit, dès-lors que nos sens ne sont plus touchés des objets, & que l'ame n'est plus émûë par l'impression qu'ils font sur elle, ce n'est proprement chez nous qu'indolence : mais l'indolence n'est pas sans douceur; & songer qu'on ne souffre point de mal, est assez à un homme raisonnable pour se faire de la joye. Il n'est pas toûjours besoin de la joüissance des plaisirs : si on fait un bon usage de la privation des douleurs, on rend sa condition assez heureuse.

Quand il m'est arrivé des malheurs, je m'y suis trouvé naturellement assez peu sensible, sans mêler à cette heureuse constitution le dessein d'être constant ; car la constance n'est qu'une plus longue attention à nos maux. Elle paroît la plus belle vertu du monde à ceux qui n'ont rien à souffrir ; & elle est veritablement comme une nouvelle gêne à ceux qui souffrent. Les esprits s'aigrissent à résister, & au lieu de se défaire de leur premiere douleur, ils en forment eux-mêmes une seconde : sans la résistance, ils n'auroient que le mal qu'on leur fait ; par elle, ils ont encore celui qu'ils se font. C'est ce qui m'oblige à remettre tout à la nature dans les maux présens : je garde ma sagesse pour le tems où je n'ai rien à endurer. Alors par des reflexions de mon indolence, je me fais un plaisir du tourment que je n'ai pas, & trouve le secret de rendre heureux l'état le plus ordinaire de la vie.

L'expérience se forme avec l'âge, & la sagesse est communément le fruit de l'expérience : mais quand on attribuë cette vertu aux vieilles-gens, ce n'est pas à dire qu'ils la possedent toûjours. Ce qui est certain, c'est qu'ils ont toûjours la liberté d'être sages, & de pouvoir s'exemter avec bienséance de toutes les gênes que l'opinion a su introduire dans le monde. C'est à eux seulement qu'il est permis de prendre les choses pour ce qu'elles sont. La raison a presque tout fait dans les premieres institutions: la fantaisie a presque tout gagné sur elle dans la suite. Or la vieillesse seule a le droit de rappeller ce que l'une a perdu, & de se dégager de ce qu'a gagné l'autre.

Pour moi, je me tiens scrupuleusement aux veritables devoirs. Je rebute ou admets les imaginaires selon qu'ils me choquent ou qu'ils me plaisent; car en ce que je ne dois pas, je me fais une sagesse également de rejetter ce qui me déplaît, & de recevoir ce qui me contente. Chaque jour je me défais de quelque chaîne, avec autant d'interêt pour ceux dont je me détache, que pour moi, qui reprens ma liberté. Ils ne gagnent pas moins dans la perte d'un homme inutile, que je perdrois à me dévoüer plus long-tems à eux inutilement.

De tous les liens, celui de l'amitié est le seul qui me soit doux; & n'étoit la honte qu'on ne répondît pas à la mienne, j'aimerois par le plaisir d'aimer, quand on ne m'aimeroit pas. Dans un faux sujet d'aimer, les sentimens d'amitié peuvent s'entretenir par la seule douceur de leur agrément: dans un vrai sujet de haïr, on doit se défaire de ceux de la haine par le seul interêt de son repos. Une ame seroit heureuse, qui pourroit se refuser toute entiere à certaines passions, & ne feroit seulement que se permettre à quelques autres. Elle seroit sans crainte, sans tristesse, sans haine, sans jalousie; elle désireroit sans ar-

deur,

deur, espereroit sans inquiétude, & joüiroit sans transport.

L'état de la vertu n'est pas un état sans peine. On y souffre une contestation éternelle de l'inclination & du devoir. Tantôt on reçoit ce qui choque ; tantôt on s'oppose à ce qui plaît, sentant presque toûjours de la gêne à faire ce que l'on fait, & de la contrainte à s'abstenir de ce que l'on ne fait pas. Celui de la sagesse est doux & tranquille. La sagesse regne en paix sur nos mouvemens, & n'a qu'à bien gouverner des sujets, au lieu que la vertu avoit à combattre des ennemis.

Je puis dire de moi une chose assez extraordinaire & assez vraye, c'est que je n'ai presque jamais senti en moi-même ce combat intérieur de la passion & de la raison. la passion ne s'opposoit point à ce que j'avois résolu de faire par devoir ; & la raison consentoit volontiers à ce que j'avois envie de faire par un sentiment de plaisir. Je ne prétens pas que cet accommodement si aisé me doive attirer de la loüange : je confesse au contraire que j'en ai été souvent plus vicieux ; ce qui ne venoit point d'une perversion d'intention qui allât au mal, mais de ce que le vice se faisoit agréer comme une douceur, au lieu de se laisser connoître comme un crime.

Il est certain qu'on connoît beaucoup mieux la nature des choses par la reflexion, quand elles sont passées, que par leur impression,

quand

quand on les sent. D'ailleurs le grand commerce du monde empêche toute attention, lors qu'on est jeune. Ce que nous voyons en autrui, ne nous laisse pas bien examiner ce que nous sentons en nous-mêmes. La foule plaît dans un certain âge où l'on aime, pour ainsi parler, à se répandre : la multitude importune dans un autre, où l'on revient naturellement à soi, ou pour le plus, à un petit nombre d'amis, qui s'unissent à nous davantage.

C'est cette humeur-là qui nous retire insensiblement des cours. Nous commençons par elle à chercher un milieu entre l'assiduité & l'éloignement. Il nous vient ensuite quelque honte de montrer un vieux visage parmi des jeunes gens, qui loin de prendre pour sagesse nôtre serieux, se mocquent de nous, de vouloir paroître encore en des lieux publics, où il n'y a que de la galanterie & de la gayeté. Ne nous flattons pas de nôtre bon sens : une folie enjoüée le saura confondre ; & le faux d'une imagination qui brille dans la jeunesse, fera trouver ridicules nos plus délicates conversations. Si nous avons de l'esprit, allons-en faire un meilleur usage dans les entretiens particuliers ; car on se soutient mal dans la foule par les qualités de l'esprit contre les avantages du corps.

Cette justice que nous sommes obligés de nous faire, ne nous doit pas rendre injustes à l'égard l'égard des jeunes gens. Il ne faut ni loüer avec importunité le tems dont nous étions, ni accuser sans cesse avec chagrin celui qui leur est favorable. Ne crions point contre les plaisirs que nous n'avons plus : ne condamnons point des choses agréables, qui n'ont que le crime de nous manquer.

Nôtre jugement doit toûjours être le même. Il nous est permis de vivre, & non pas de juger selon nôtre humeur. Il se forme dans la mienne je ne sai quoi de particulier, qui me fait moins considérer les magnificences par l'éclat qu'elles ont, que par l'embarras qu'elles donnent. Les spectacles, les fêtes, les assemblées ne m'attirent plus aux plaisirs qui se trouvent en les voyant : elles me rebutent des incommodités qu'il faut essuyer pour les voir. Je n'aime pas tant les concerts par la beauté de leur harmonie, que je les crains par la peine qu'il y a de les ajuster. L'abondance me dégoûte dans le repas, & ce qui est fort recherché me paroît une curiosité affectée. Mon imagination n'aide pas mon goût à trouver plus délicat ce qui est plus rare : mais je veux du choix dans les choses qui se rencontrent aisément, pour conserver une délicatesse separée de tout agrément de fantaisie.

De la lecture & du choix des livres.

J'AIME le plaisir de la lecture autant que jamais, pour dépendre plus particulierement de l'esprit, qui ne s'affoiblit pas comme les sens. A la verité, je cherche plus dans les livres ce qui me plaît, que ce qui m'instruit. A mesure que j'ai moins de tems à pratiquer les choses, j'ai moins de curiosité pour les apprendre. J'ai plus besoin du fonds de la vie que de la maniere de vivre, & le peu que j'en ai, s'entretient mieux par des agrémens que par des instructions. Les livres latins m'en fournissent le plus, & je relis mille fois ce que j'y trouve de beau sans m'en dégoûter.

Un choix délicat me réduit à peu de livres, où je cherche beaucoup plus le bon esprit que le bel esprit ; & le bon goût, pour me servir de la façon de parler des espagnols, se rencontre ordinairement dans les écrits des personnes considérables. J'aime à connoître dans les epitres de Ciceron, & son caractére, & celui des gens de qualité qui lui écrivent. Pour lui, il ne se défait jamais de son art de rhétorique, & la moindre recommandation qu'il fait au meilleur de ses amis, s'insinuë aussi artificieusement que s'il vouloit gagner l'esprit d'un inconnu pour la plus grande affaire du monde. Les lettres des autres n'ont pas la finesse de ces détours : mais, à mon avis, il y a plus de bon sens que dans les siennes ; & c'est ce qui me fait juger le plus avantageusement de la grande & générale capacité des romains de ce tems-là.

Nos auteurs font toûjours valoir le siecle d'Auguste, par la considération de Virgile & d'Horace ; & peut-être plus par celle de Mécénas, qui faisoit du bien aux gens de lettres, que par les gens de lettres mêmes. Il est certain néanmoins que les esprits commençoient alors à s'affoiblir aussi-bien que les courages. La grandeur d'ame se tournoit en circonspection à se conduire, & le bon discours en politesse de conversation : encore ne sai-je, à considérer ce qui nous reste de Mécénas, s'il n'avoit pas quelque chose de mou, qu'on faisoit passer pour délicat. Mécénas étoit le grand favori d'Auguste ; l'homme qui plaisoit, & à qui les gens polis & spirituels tâchoient de plaire. N'y a-t'il pas apparence que son goût regloit celui des autres, qu'on affectoit de se donner son tour, & de prendre autant qu'on pouvoit son caractère ?

Auguste lui-même ne nous laisse pas une grande opinion de sa latinité. Ce que nous voyons de Terence ; ce qu'on disoit à Rome de la politesse de Scipion & de Lélius ; ce que nous avons de César ; ce que nous avons de Cicéron ; la plainte que fait ce dernier sur la perte de ce qu'il appelle *Sales*, *Lepôres*, *Vetustas*, *Urbanitas*, *Amœnitas*, *Festivitas*, *Jucunditas*;

cunditas; tout cela me fait croire, après y avoir mieux pensé, qu'il faut chercher en d'autres tems que celui d'Auguste le bon & agréable esprit des romains, aussi-bien que les graces pures & naturelles de leur langue.

On me dira qu'Horace avoit très-bon goût en toutes choses: c'est ce qui me fait croire que ceux de son tems ne l'avoient pas; car son goût consistoit principalement à trouver le ridicule des autres. Sans les impertinences, les affectations, les fausses manieres dont il se moquoit, la justesse de son sens ne nous paroîtroit pas aujourd'hui si grande.

De la poësie.

LE siecle d'Auguste a été celui des excellens poëtes, je l'avouë; mais il ne s'ensuit pas que ç'ait été celui des esprits bien faits. La poësie demande un génie particulier, qui ne s'accommode pas trop avec le bon sens. Tantôt c'est le langage des dieux, tantôt c'est le langage des foux, rarement celui d'un honnête-homme. Elle se plaît dans les fictions, dans les figures, toûjours hors de la réalité des choses; & c'est cette réalité qui peut satisfaire un entendement bien sain.

Ce n'est pas qu'il n'y ait quelque chose de galant à faire agréablement des vers; mais il faut que nous soyons bien maîtres de nôtre génie: autrement l'esprit est possedé de je ne sai quoi d'étranger, qui ne lui permet pas de disposer assez facilement de lui-même. Il faut être sot, disent les espagnols, pour ne pas faire deux vers ; il faut être fou pour en faire quatre. A la verité, si tout le monde s'en tenoit à cette maxime, nous n'aurions pas mille beaux ouvrages, dont la lecture nous donne un plaisir fort délicat : mais la maxime regarde bien plus les gens du monde que les poëtes de profession. D'ailleurs, ceux qui sont capables de ces grandes productions, ne résisteront pas à la force de leur génie pour ce que je dis ; & il est certain que parmi les auteurs, ceux-là s'abstiendront de faire beaucoup de vers, qui se sentiront plus gênés de leur stérilité que de mes raisons.

Il faut qu'il y ait d'excellens poëtes pour nôtre plaisir, comme de grands mathématiciens pour nôtre utilité : mais il suffit pour nous de nous bien connoître à leurs ouvrages, & nous n'avons que faire de rêver solitairement comme les uns, ni d'épuiser nos esprits à méditer toûjours comme les autres.

De tous les poëtes, ceux qui font des comédies, devroient être les plus propres pour le commerce du monde ; car ils s'attachent à dépeindre naïvement tout ce qui s'y fait, & à bien exprimer les sentimens & les passions des hommes. Quelque nouveau tour qu'on donne à de vieilles pensées, on se lasse d'une poësie, qui ramene toûjours les comparaisons
de

de l'Aurore, du Soleil, de la Lune, des Etoiles. Nos descriptions d'une mer calme & d'une mer agitée, ne représentent rien que celles des anciens n'ayent beaucoup mieux représenté. Aujourd'hui ce ne sont pas seulement les mêmes idées que nous donnons ; ce sont les mêmes expressions & les mêmes rimes. Je ne trouve jamais le chant des oiseaux, que je ne me prépare au bruit des ruisseaux : les bergeres sont toûjours couchées sur des fougeres, & on voit moins les boccages sans les ombrages dans nos vers, qu'au véritable lieu où ils sont. Or, il est impossible que cela ne devienne à la fin fort ennuyeux : ce qui n'arrive pas dans les comédies, où nous voyons représenter avec plaisir les mêmes choses que nous pouvons faire, & où nous sentons des mouvemens semblables à ceux que nous voyons exprimer.

Un discours où l'on ne parle que de bois, de rivieres, de prés, de campagnes, de jardins, fait sur nous une impression bien languissante, à moins qu'il n'ait des agrémens tout nouveaux : mais ce qui est de l'humanité, les penchans, les tendresses, les affections, trouvent naturellement au fond de nôtre ame à se faire sentir : la même nature les produit & les reçoit : ils passent aisément des hommes qu'on représente en des hommes qui voyent représenter.

De quelques livres espagnols, italiens, & françois.

CE que l'amour a de délicat me flatte : ce qu'il a de tendre me fait toucher ; & comme l'Espagne est le pays du monde où l'on aime le mieux, je ne me lasse jamais de lire dans les auteurs espagnols des avantures amoureuses. Je suis plus touché de la passion d'un de leurs amans, que je ne serois sensible à la mienne, si j'étois capable d'en avoir encore : l'imagination de ses amours me fait trouver des mouvemens pour lui, que je ne trouverois pas pour moi.

Il y a peut-être autant d'esprit dans les autres ouvrages des auteurs de cette nation que dans les nôtres ; mais c'est un esprit qui ne me satisfait pas, à la reserve de celui de Cervantes en Don Quichote, que je puis lire toute ma vie sans en être dégoûté un seul moment. De tous les livres que j'ai jamais lus, Don Quichote est celui que j'aimerois mieux avoir fait : il n'y en a point, à mon avis, qui puisse contribuer davantage à nous former un bon goût sur toutes choses. J'admire comme dans la bouche du plus grand fou de la terre, Cervantes a trouvé le moyen de se faire connoître l'homme le plus entendu, & le plus grand connoisseur qu'on se puisse imaginer. J'admire la diversité de ses caractéres, qui sont les
plus

plus recherchés du monde pour les especes, & dans leurs especes les plus naturels. Quevedo paroît un auteur fort ingénieux : mais je l'estime plus d'avoir voulu brûler tous ses livres, quand il lisoit Don Quichote, que de les avoir su faire.

Je ne me connois pas assez aux vers italiens, pour en goûter la délicatesse, ou en admirer la force & la beauté. Je trouve quelques histoires en cette langue au dessus de toutes les modernes, & quelques traités de politique au dessus même de ce que les anciens en ont écrit. Pour la morale des italiens, elle est pleine de concetti, qui sentent plus une imagination qui cherche à briller, qu'un bon sens formé par de profondes reflexions.

J'ai une curiosité fort grande pour tout ce qu'on fait de beau en françois, & un grand dégoût de mille auteurs, qui semblent n'écrire que pour se donner la réputation d'avoir écrit. Je n'aime pas seulement à lire pour me donner celle d'avoir beaucoup lu, & c'est ce qui me fait tenir particulierement à certains livres, où je puis trouver une satisfaction assurée.

Les essais de Montagne ; les poësies de Malherbe ; les tragedies de Corneille, & les œuvres de Voiture se sont établi comme un droit de me plaire toute ma vie. Montagne ne fait pas le même effet dans tout le cours de celle des autres. Comme il nous explique particulierement l'homme, les jeunes & les vieux aiment à se trouver en lui par la ressemblance des sentimens. L'espace qui éloigne ces deux âges, nous éloigne de la nature, pour nous donner aux professions ; & alors nous trouvons dans Montagne moins de choses qui nous conviennent. La science de la guerre fait l'occupation du general, la politique du ministre, la théologie du prélat, la jurisprudence du juge. Montagne revient à nous quand la nature nous y ramene, & qu'un âge avancé, où l'on sent veritablement ce qu'on est, rappelle le prince, comme ses sujets, de l'attachement au personnage à un interêt plus proche & plus sensible de la personne.

Je n'écris point ceci par un esprit de vanité, qui porte les hommes à donner au public leurs fantaisies. Je me sens en ce que je dis, & me connois mieux par l'expression du sentiment que je forme de moi-même, que je ne ferois par des pensées secrettes, & des reflexions intérieures. L'idée qu'on a de soi par la simple attention à se considerer au dedans, est toûjours un peu confuse : l'image qui s'en exprime au dehors, est beaucoup plus nette, & fait juger de nous plus sainement quand elle repasse à l'examen de l'esprit, après s'être présentée à nos yeux. D'ailleurs, l'opinion flatteuse de nôtre mérite perd la moitié de son charme si-tôt qu'elle se produit : les complaisances de l'amour-propre venant à s'évanoüir
insen-

DE SAINT-EVREMOND.

insensiblement, il ne nous reste qu'un dégoût de sa douceur, & de la honte pour une vanité aussi follement conçûë que judicieusement quittée.

Pour égaler Malherbe aux anciens, je ne veux rien de plus beau que ce qu'il a fait. Je voudrois seulement retrancher de ses ouvrages ce qui n'est pas digne de lui. Nous lui ferions injustice de le faire ceder à qui que ce fût : mais il suffira pour l'honneur de nôtre jugement, que nous le fassions ceder à lui-même.

On peut dire la même chose de Corneille. Il seroit au dessus de tous les tragiques de l'antiquité, s'il n'avoit été fort au dessous de lui en quelques-unes de ses pieces. Il est si admirable dans les belles, qu'il ne se laisse pas souffrir ailleurs médiocre. Ce qui n'est pas excellent en lui, me semble mauvais, moins pour être mal, que pour n'avoir pas la perfection qu'il a sû donner à d'autres choses. Ce n'est pas assez à Corneille de nous plaire legerement, il est obligé de nous toucher. S'il ne ravit nos esprits, ils employeront leurs lumieres à connoître avec dégoût la difference qu'il y a de lui à lui-même. Il est permis à quelques auteurs de nous émouvoir simplement. Ces émotions inspirées par eux, sont de petites douceurs assez agréables, quand on ne cherche qu'à s'attendrir. Avec Corneille, nos ames se préparent à des transports ; & si elles ne sont pas enlevées, il les laisse dans un état plus difficile à souffrir que la langueur. Il est mal-aisé de charmer éternellement, je l'avouë ; il est mal aisé de tirer un esprit de sa situation, quand il nous plaît, d'enlever une ame hors de son assiette : mais Corneille, pour l'avoir fait trop souvent, s'est imposé la loi de le faire toûjours : qu'il supprime ce qui n'est pas assez noble pour lui, il laissera admirer des beautés qui ne lui sont communes avec personne.

Je pardonnerois aussi peu à Voiture un grand nombre de lettres qu'il devroit avoir supprimées, si lui-même les avoit fait mettre au jour (1) : mais il étoit comme ces peres également bons & discrets, à qui la nature laisse de la tendresse pour leurs enfans, & qui aiment en secret ceux qui n'ont point de mérite, pour n'exposer pas au public par cette amitié la réputation de leur jugement. Il pouvoit donner tout son amour à quelques-uns de ses ouvrages ; car ils ont je ne sai quoi de si ingénieux & de si poli, de si fin & de si délicat, qu'ils font perdre le goût des sels attiques, & des Urbanites romaines ; qu'ils effacent tout ce que nous voyons de plus spirituel chez les italiens, & de plus galant chez les espagnols.

Nous

_____

(1) *Les Oeuvres de Voiture ont été publiées après sa mort, par son neveu Pinchêne, assisté de Conrart & de Chapelain.*

Nous avons quelques pieces particulieres en françois d'une beauté admirable. Telles sont les oraisons funebres de la reine d'Angleterre, & celle de Madame par Monsieur de Condom (1). Il y a dans ses discours un certain esprit répandu par tout, qui fait admirer l'auteur sans le connoître, autant que les ouvrages, après les avoir lus. Il imprime son caractere en tout ce qu'il dit; de sorte que sans l'avoir jamais vu, je passe aisément de l'admiration de son discours à celle de sa personne.

De la conversation.

Quelque plaisir que je prenne à la lecture, celui de la conversation me sera toûjours le plus sensible. Le commerce des femmes me fourniroit le plus doux, si l'agrément qu'on trouve à en voir d'aimables, ne laissoit la peine de se défendre de les aimer. Je souffre néanmoins rarement cette violence. A mesure que mon âge leur donne du dégoût pour moi, la connoissance me rend délicat pour elles, & si elles ne trouvent pas en ma personne de quoi leur plaire, par une espece de compensation, je me satisfais d'elles mal-aisément

---

(1) Jacques Benigne Bossuet, premierement Evêque de Condom, & ensuite Evêque de Meaux. Il est mort le 12 d'Avril 1704.

aisément. Il y en a quelques-unes dont le mérite fait assez d'impression sur mon esprit ; mais leur beauté se donne peu de pouvoir sur mon ame ; & si j'en suis touché par surprise, je réduis bien-tôt ce que je sens à une amitié douce & raisonnable, qui n'a rien des inquiétudes de l'amour.

Le premier mérite auprès des dames, c'est d'aimer : le second est d'entrer dans la confidence de leurs inclinations : le troisiéme, de faire valoir ingénieusement tout ce qu'elles ont d'aimable. Si rien ne nous mene au secret du cœur, il faut gagner au moins leur esprit par des loüanges ; car au défaut des amans, à qui tout cede, celui-là plaît le mieux qui leur donne moyen de plaire davantage. Dans leur conversation, songez bien à ne les tenir jamais indifferentes ; leur ame est ennemie de cette langueur : ou faites-vous aimer, ou flattez-les sur ce qu'elles aiment, ou faites-leur trouver en elles de quoi s'aimer mieux. Il leur faut de l'amour, de quelque nature qu'il puisse être. Leur cœur n'est jamais vuide de cette passion. Aidez un pauvre cœur à en faire quelque usage.

On en trouve à la vérité qui peuvent avoir de l'estime & de la tendresse même sans amour : on en trouve qui sont aussi capables de secret & de confiance, que les plus fideles de nos amis. J'en connois qui n'ont pas moins d'esprit & de discretion, que de charme &

de beauté : mais ce sont des singularités, que la nature par dessein, ou par caprice, se plaît quelquefois à nous donner ; & il ne faut rien conclure en faveur du general par des endroits si particuliers, & des qualités si détachées. Ces femmes extraordinaires semblent avoir emprunté le mérite des hommes ; & peut-être qu'elles font une espece d'infidelité à leur sexe, de passer ainsi de leur naturelle condition aux vrais avantages de la nôtre.

Pour la conversation des hommes, j'avoue que j'y ai été autrefois plus difficile que je ne le suis à present ; & je pense y avoir moins perdu du côté de la délicatesse, que je n'ai gagné du côté de la raison. Je cherchois alors des personnes qui me plussent en toutes choses : je cherche aujourd'hui dans les personnes quelque chose qui me plaise. C'est une rareté trop grande que la conversation d'un homme en qui vous trouviez un agrément universel, & le bon sens ne souffre pas une recherche curieuse de ce qu'on ne rencontre presque jamais. Pour un plaisir délicieux qu'on imagine toûjours, & dont on joüit trop rarement, l'esprit malade de délicatesse, se fait un dégoût de ceux qu'il pourroit avoir toute la vie. Ce n'est pas, à dire vrai, qu'il soit impossible de trouver des sujets si précieux : mais il est rare que la nature les forme, & que la fortune nous en favorise. Mon bonheur m'en a fait connoître en France, & m'en avoit donné un aux pays étrangers, qui faisoit toute ma joye. La mort m'en a ravi la douceur; & parlant du jour que mourut Monsieur d'Aubigny, je dirai toute ma vie avec une verité funeste & sensible :

Quem semper acerbum,
Semper honoratum, sic, Dii voluistis, habebo (1).

Dans les mesures que vous prendrez pour la societé, faites état de ne trouver les bonnes choses que séparement : faites état même de démêler le solide & l'ennuyeux ; l'agrément & le peu de sens ; la science & le ridicule. Vous verrez ensemble ces qualités, non seulement en des gens que vous puissiez choisir ou éviter, mais en des personnes avec qui vous aurez des liaisons d'interêt, ou d'autres habitudes aussi necessaires. J'ai pratiqué un homme du plus beau naturel du monde, qui lassé quelquefois de l'heureuse facilité de son génie, se jettoit sur des matieres de science & de religion, où il faisoit voir une ignorance ridicule. Je connois un des savans hommes de l'Europe (2), de qui vous pouvez apprendre mille choses curieuses ou profondes, en qui vous trouverez une crédulité imbecile pour tout ce qui est extraordinaire, fabuleux, éloigné de toute créance.

_____

(1) *Virg. Æneid. Lib.* V.   (2) *Isaac Vossius.*

Ce grand maître du théâtre, à qui les romains sont plus redevables de la beauté de leurs sentimens, qu'à leur esprit & à leur vertu ; Corneille, qui se faisoit assez entendre sans le nommer, devient un homme commun, lors qu'il s'exprime pour lui-même. Il ose tout penser pour un grec, ou pour un romain : un françois ou un espagnol diminuë sa confiance ; & quand il parle pour lui, elle se trouve tout-à-fait ruinée. Il prête à ses vieux heros tout ce qu'il a de noble dans l'imagination, & vous diriez qu'il se défend l'usage de son propre bien, comme s'il n'étoit pas digne de s'en servir.

Si vous connoissez le monde parfaitement, vous y trouverez une infinité de personnes recommandables par leurs talens, & aussi méprisables par leurs foibles. N'attendez pas qu'ils fassent toûjours un bon usage de leur mérite, & qu'ils ayent la discrétion de vous cacher leurs défauts. Vous leur verrez souvent un dégoût pour leurs bonnes qualités, & une complaisance fort naturelle pour ce qu'ils ont de mauvais. C'est à vôtre discernement à faire le choix qu'ils ne font pas, & il dépendra plus de vôtre adresse de tirer le bien qui se trouve en eux, qu'il ne leur sera facile de vous le donner.

Depuis dix ans que je suis en pays étranger, je me trouve aussi sensible au plaisir de la conversation, & aussi heureux à le goûter, que si

j'avois

j'avois été en France. J'ai rencontré des personnes d'autant de mérite que de consideration, dont le commerce a sû faire le plus doux agrément de ma vie. J'ai connu des hommes aussi spirituels que j'en aye jamais vu, qui ont joint la douceur de leur amitié à celle de leur entretien. J'ai connu quelques ambassadeurs si délicats, qu'ils me paroissoient faire une perte considerable, autant de fois que les fonctions de leur emploi suspendoient l'usage de leur mérite particulier.

J'avois cru autrefois qu'il n'y avoit d'honnêtes-gens qu'en nôtre cour ; que la mollesse des pays chauds, & une espece de barbarie des pays froids, n'en laissoient former dans les uns & dans les autres que fort rarement : mais à la fin j'ai connu par expérience qu'il y en avoit par tout ; & si je ne les ai pas goûtés assez-tôt, c'est qu'il est difficile à un françois de pouvoir goûter ceux d'un autre pays que le sien. Chaque nation a son mérite, avec un certain tour qui est propre & singulier à son génie. Mon discernement trop accoûtumé à l'air du nôtre, rejettoit comme mauvais ce qui lui étoit étranger. Pour voir toûjours imiter nos modes dans les choses extérieures, nous voudrions attirer l'imitation jusques aux manieres que nous donnons à nôtre vertu. A la verité, le fond d'une qualité essentielle est par tout le même : mais nous cherchons des dehors qui nous conviennent ; & ceux parmi nous

nous qui donnent le plus à la raison, y veulent encore des agrémens pour la fantaisie. La difference que je trouve de nous aux autres, dans ce tour qui distingue les nations, c'est qu'à parler veritablement, nous nous le faisons nous-mêmes, & la nature l'imprime en eux comme un caractére dont ils ne se défont presque jamais.

Je n'ai guere connu que deux personnes en ma vie, qui pussent bien réüssir par tout ; mais diversement. L'un avoit toute sorte d'agrémens : il en avoit pour les gens ordinaires ; pour les gens singuliers ; pour les bizarres même ; & il sembloit avoir dans son naturel de quoi plaire à tous les hommes. L'autre avoit tant de belles qualités, qu'il pouvoit s'assurer d'avoir de l'approbation dans tous les lieux où l'on fait quelque cas de la vertu. Le premier étoit insinuant, & ne manquoit jamais de s'attirer les inclinations. Le second avoit quelque fierté ; mais on ne pouvoit pas lui refuser son estime. Pour achever cette difference, on se rendoit avec plaisir aux insinuations de celui-là, & on avoit quelquefois du chagrin de ne pouvoir résister à l'impression du mérite de celui-ci. J'ai eu avec tous les deux une amitié fort étroite ; & je puis dire que je n'ai jamais rien vu en l'un que d'agréable, & rien en l'autre que l'on ne dût estimer.

Des belles-lettres & de la jurisprudence.

QUAND je suis privé du commerce des gens du monde, j'ai recours à celui des savans ; & si j'en rencontre qui sachent les belles-lettres, je ne croi pas beaucoup perdre, de passer de la délicatesse de nôtre tems à celles des autres siecles. Mais rarement on trouve des personnes de bon goût ; ce qui fait que la connoissance des belles-lettres devient en plusieurs savans une érudition fort ennuyeuse. Je n'ai point connu d'homme à qui l'antiquité soit si obligée qu'à Monsieur Vvaller (1). Il lui prête sa belle imagination, aussi-bien que son intelligence fine & délicate ; en sorte qu'il entre dans l'esprit des anciens, non seulement pour bien entendre ce qu'ils ont pensé, mais pour embellir encore leurs pensées.

J'ai vu depuis quelques années un grand nombre de critiques, & peu de bons juges. Or je n'aime pas ces gens doctes, qui employent toute leur étude à restituer un passage dont la restitution ne nous plaît en rien. Ils font un mystere de savoir ce qu'on pourroit bien ignorer, & n'entendent pas ce qui mérite véritablement d'être entendu. Pour ne rien sentir, pour ne rien penser délicatement, ils ne

(1) *Celebre poëte anglois.*

ne peuvent entrer dans la délicatesse du sentiment, ni dans la finesse de la pensée. Ils réüssiront à expliquer un grammairien ; ce grammairien s'appliquoit à leur même étude, & avoit leur même esprit : mais ils ne prendront jamais celui d'un honnête-homme des anciens ; car le leur y est tout-à-fait contraire. Dans les histoires, ils ne connoissent ni les hommes, ni les affaires : ils rapportent tout à la chronologie ; & pour nous pouvoir dire quelle année est mort un consul, ils negligeront de connoître son génie, & d'apprendre ce qui s'est fait sous son consulat. Ciceron ne sera jamais pour eux qu'un faiseur d'oraisons, César qu'un faiseur de commentaires. Le consul, le general leur échappent : le génie qui anime leurs ouvrages n'est point apperçu, & les choses essentielles qu'on y traite ne sont point connuës.

Il est vrai que j'estime infiniment une critique du sens, si on peut parler de la sorte. Tel est l'excellent ouvrage de Machiavel sur les décades de Tite-Live ; & telles seroient les reflexions de Monsieur de Rohan sur les commentaires de César, s'il avoit penetré plus avant dans ses desseins, & mieux expliqué les ressorts de sa conduite. J'avoüerai pourtant qu'il a égalé la penetration de Machiavel dans les remarques qu'il a faites sur la clemence de César aux guerres civiles. Mais on voit que sa propre expérience en ces sortes de guerres lui a fourni beaucoup de lumieres pour ces judicieuses observations.

Après l'étude des belles-lettres, qui me touche particulierement, j'aime la science de ces grands jurisconsultes, qui pourroient être des legislateurs eux-mêmes; qui remontent à cette premiere justice qui regle la société humaine; qui connoissent ce que la nature nous laisse de liberté dans les gouvernemens établis, & ce qu'en ôte aux particuliers, pour le bien public, la necessité de la politique. C'est dans l'entretien de Monsieur Sluse (1) qu'on pourroit trouver ces instructions avec autant de plaisir que d'utilité : c'est de Hobbes, ce grand génie d'Angleterre, qu'on pourroit recevoir ces belles lumieres; mais avec moins de justesse, pour être un peu outré en quelques endroits, & extrême en d'autres.

Que si Grotius vivoit présentement, on pourroit apprendre toutes choses de ce savant universel, plus recommandable encore par sa raison que par sa doctrine. Ses livres à son défaut éclaircissent aujourd'hui les difficultés les plus importantes; & si la justice seule étoit écoutée, ils pourroient regler toutes les nations dans les droits de la paix & de la guerre. Celui *de jure belli & pacis* devroit faire la principale

---

(1) *Chanoine de St. Lambert à Liege, frere de M. Sluse, secretaire des brefs, & ensuite cardinal.*

cipale étude des souverains ; des ministres ; de tous ceux generalement qui ont part au gouvernement des peuples.

Mais cette science du droit, qui descend aux affaires des particuliers, n'en devroit pas être ignorée. On la laisse pour l'instruction des gens de robe : on la rejette de celle des princes, comme honteuse, quoi qu'ils ayent à donner des arrêts à chaque moment de leur regne, sur la fortune, sur la liberté, sur la vie de leurs sujets. On parle toûjours aux princes de la valeur, qui ne sait que détruire, & de la liberalité, qui ne sait que dissiper, si la justice ne les a reglées. Il est vrai qu'il faut appliquer, pour ainsi dire, l'enseignement de chaque vertu au besoin de chaque naturel ; inspirer la liberalité aux avares, animer du desir de la gloire ceux qui aiment le repos, & retenir, autant qu'on peut, les ambitieux dans la regle de la justice. Mais quelque diversité qui se trouve dans leurs génies, la justice est toûjours la plus necessaire ; car elle maintient l'ordre en celui qui la fait, aussi-bien qu'en ceux à qui elle est renduë. Ce n'est point une contrainte qui limite le pouvoir du prince, puis qu'en la rendant à autrui, il apprend à se la rendre à lui-même, & qu'il se la fait volontairement, quand nous la recevons de lui necessairement par sa puissance.

Je ne voi point de prince dans l'histoire qui ait été mieux instruit que le grand Cyrus.
On

On ne se contentoit pas de lui enseigner exactement tout ce qui regardoit la justice, on lui en faisoit pratiquer les leçons sur chaque chose qui se présentoit ; de sorte qu'en même tems on imprimoit dans son esprit la science de la justice, & on formoit dans son ame l'habitude d'être juste. L'instruction d'Alexandre eut quelque chose de trop vaste : on lui fit tout connoître dans la nature, excepté lui seulement. Son ambition ensuite alla aussi loin que sa connoissance. Après avoir voulu tout savoir, il voulut tout conquerir : mais il eut peu de regle dans ses conquêtes, & beaucoup de désordre dans sa vie, pour n'avoir pas appris ce qu'il devoit au public, aux particuliers, & à lui-même.

Tous les hommes en general ne sauroient se donner trop de préceptes pour être justes ; car ils ont naturellement trop de penchant à ne l'être pas. C'est la justice qui a établi la société, & qui la conserve : sans la justice nous serions encore errans & vagabonds, & nos impétuosités nous rejetteroient bien-tôt dans la premiere confusion dont nous sommes heureusement sortis. Cependant au lieu de reconnoître avec agrément cet avantage, nous nous sentons gênés de l'heureuse sujetion où elle nous tient, & soupirons encore pour une liberté funeste qui produiroit le malheur de nôtre vie.

Quand l'écriture nous parle du petit nombre

bre de juftes, elle n'entend pas, à mon avis, qu'on ne fe porte encore à faire de bonnes œuvres. Elle nous veut faire comprendre le peu d'inclination qu'ont les hommes à agir comme ils devroient par un principe de juftice. En effet, fi vous examinez tout le bien qui fe pratique parmi les hommes, vous trouverez qu'il eft fait prefque toûjours par le fentiment d'une autre vertu. La bonté, l'amitié, la bienveillance en font faire : la charité court au befoin du prochain, la liberalité donne, la generofité fait obliger ; la juftice qui devroit entrer en tout, eft rejettée comme une fâcheufe ; & la neceffité feulement lui fait donner quelque part en nos actions. La nature cherche à fe complaire dans ces premieres vertus, où nous agiffons par un mouvement agréable : mais elle trouve une fecrette violence en celle-ci, où le droit des autres exige ce que nous devons, & où nous nous acquittons plûtôt de nos obligations, qu'ils ne demeurent redevables à nos bienfaits.

C'eft par une averfion fecrette pour la juftice, qu'on aime mieux donner que de rendre, & obliger que de reconnoître. Auffi voyons-nous que les perfonnes liberales & genereufes ne font pas ordinairement les plus juftes. La juftice a une régularité qui les gêne, pour être fondée fur un ordre conftant de la raifon, oppofé aux impulfions naturelles, dont la liberalité fe reffent prefque toûjours. Il y a je ne sai quoi d'héroïque dans la grande liberalité, aussi-bien que dans la grande valeur; & ces deux vertus ont de la conformité, en ce que la premiere éleve l'ame au dessus de la consideration du bien, comme la seconde pousse le courage au delà du ménagement de la vie. Mais avec ces beaux & genereux mouvemens, si elles ne sont toutes deux bien conduites, l'une deviendra ruineuse, & l'autre funeste.

Ceux qui se trouvent ruinés par quelque accident de la fortune, sont plaints d'ordinaire de tout le monde, parce que c'est un malheur dans la condition humaine à quoi tout le monde est sujet: mais ceux qui tombent dans la misere par une vaine dissipation, s'attirent plus de mépris que de pitié, pour être l'effet d'une sottise particuliere, dont chacun se tient exemt par la bonne opinion qu'il a de lui-même. Ajoûtez que la nature souffre toûjours un peu dans la compassion; & pour se délivrer d'un sentiment douloureux, elle envisage la folie du dissipateur, au lieu de s'arrêter à la vûë du miserable. Toutes choses considerées, c'est assez aux particuliers d'être bienfaisans; encore ne faut-il pas que ce soit par une facilité de naturel, qui laisse aller nonchalamment ce qu'on n'a pas la force de retenir. Je méprise une foiblesse, que l'on appelle mal-à-propos liberalité, & ne hai pas moins ces humeurs vaines, qui ne font jamais

mais aucun plaisir que pour avoir celui de le dire.

Sur les ingrats.

IL y a beaucoup moins d'ingrats qu'on ne croit ; car il y a bien moins de genereux qu'on ne pense. Celui qui tait la grace qu'il a reçûë, est un ingrat, qui ne la méritoit pas : celui qui publie celle qu'il a faite, la tourne en injure, montrant le besoin que vous avez eu de lui, à vôtre honte, & le secours qu'il vous a donné par ostentation. J'aime qu'un honnête-homme soit un peu délicat à recevoir, & sensible à l'obligation qu'il a reçûë : j'aime que celui qui oblige soit satisfait de la generosité de son action, sans songer à la reconnoissance de ceux qui sont obligés. Quand il attend quelque retour vers lui du bien qu'il fait, ce n'est plus une liberalité, c'est une espece de trafic que l'esprit d'interêt a voulu introduire dans les graces.

Il est vrai qu'il y a des hommes que la nature a formés purement ingrats. L'ingratitude fait le fond de leur naturel : tout est ingrat en eux ; le cœur ingrat, l'ame ingrate. On les aime, & ils n'aiment point, moins pour être durs & insensibles, que pour être ingrats.

C'est l'ingratitude du cœur, qui de toutes les ingratitudes est la plus contraire à l'humanité : car il arrive à des personnes genereuses de se défaire quelquefois du souvenir d'un bien-

bienfait, pour ne plus sentir la gêne importune que leur donnent certaines obligations. Mais l'amitié a des nœuds qui unissent, & non pas des chaînes qui lient ; & sans avoir quelque chose de fort opposé à la nature, il n'est pas possible de résister à ce qu'elle a de plus engageant & de plus doux.

Je croirois qu'il n'est pas permis aux femmes de résister à un si légitime sentiment, quelque prétexte que leur donnent les égards de la vertu. En effet, elles pensent être vertueuses, & ne sont qu'ingrates, lors qu'elles refusent leur affection à des gens passionnés, qui leur sacrifient toutes choses. Se rendre trop favorables, seroit aller contre les droits de l'honneur : se rendre trop peu sensibles, c'est aller contre la nature du cœur, qu'elles doivent garantir du trouble, s'il est possible, & non pas défendre de l'impression.

L'ingratitude de l'ame est une disposition naturelle à ne reconnoître aucun bienfait ; & cela, sans considération de l'interêt : car l'esprit d'avarice empêche quelquefois la reconnoissance, pour ne pas laisser aller un bien que l'on veut garder ; mais l'ame purement ingrate est portée d'elle-même, sans aucun motif, à ne pas répondre aux graces qu'elle reçoit.

Il y a une autre espece d'ingratitude fondée sur l'opinion de nôtre mérite, où l'amour-propre représente une grace que l'on
nous

nous fait comme une justice que l'on nous rend.

L'amour de la liberté a ses ingrats, comme l'amour-propre a les siens. Toute la sujection que cet esprit de liberté fait permettre, est seulement pour les loix : ennemi d'ailleurs de la dépendance, il hait à se souvenir des obligations qui lui font sentir la superiorité du bienfaicteur. De-là vient que les républicains sont ingrats : il leur semble qu'on ôte à la liberté ce qu'on donne à la gratitude. Brutus se fit un mérite de sacrifier le sentiment de la reconnoissance à celui de la liberté : les bienfaits lui devinrent des injures, lors qu'il commença à les regarder comme des chaînes. Pour tout dire, il put tuer un bienfaicteur, qui alloit devenir un maître. Crime horrible à l'égard des partisans de la reconnoissance ! vertu admirable au gré des défenseurs de la liberté !

Comme il y a des hommes purement ingrats par les veritables sentimens de l'ingratitude, il y en a de purement reconnoissans par un plein sentiment de reconnoissance. Leur cœur est sensible non seulement au bien qu'on leur fait, mais à celui qu'on leur veut, & leur ame est portée d'elle-même à reconnoître toutes sortes d'obligations.

Suivant les diversités qui se trouvent dans la reconnoissance, aussi-bien que dans l'ingratitude, il y a des ames basses qui se tiennent

nent obligées de tout, comme il y a des humeurs vaines qui ne se tiennent obligées de rien.

Si l'amour-propre a ses ingrats présomptueux, la défiance de mérite a d'imbeciles reconnoissans, qui reçoivent pour une faveur particuliere la pure justice qu'on leur rend. Cette défiance de mérite fait le penchant à la sujetion, & ce penchant à la sujetion fait cette sorte de reconnoissans. Ceux-ci embarrassés de la liberté, & honteux de la servitude, se font des obligations qu'ils n'ont pas, pour se donner un prétexte honnête de dépendance.

Je ne mettrai pas au nombre des reconnoissans certains miserables, qui s'obligent du mal qu'on ne leur fait pas. Non seulement ils servent, mais dans la servitude ils n'osent envisager aucun bien. Tout ce qui n'est pas rigueur est pour eux un traitement favorable: ce qui n'est pas une injure leur semble bienfait.

Il me reste à dire un mot d'une certaine reconnoissance des gens de la cour, où il y a moins d'égard pour le passé que de dessein pour l'avenir. Ils se tiennent obligés à ceux que la fortune a mis dans un poste où ils peuvent les obliger. Par une gratitude affectée de graces qu'ils n'ont point reçûës, ils gagnent l'esprit des personnes qui en peuvent faire, & se mettent industrieusement en état d'en recevoir.

cevoir. Cet art de reconnoissance n'est pas, bien assurément, une vertu ; mais c'est moins un vice qu'une adresse, dont il n'est pas défendu de se servir, & dont il est permis de se défendre.

Les grands à leur tour se servent d'un art aussi délicat pour s'empêcher de faire les graces, que peut être celui des courtisans pour s'en attirer. Ils reprochent des biens qu'ils n'ont pas faits, & se plaignant toûjours des ingrats, sans avoir presque jamais obligé personne, ils se donnent un prétexte spécieux de n'obliger qui que ce soit.

Mais laissons ces affectations de reconnoissance, & ces plaintes mysterieuses sur les ingrats, pour vous dire ce qu'il y auroit à desirer dans la prétention & dans la distribution des bienfaits. Je desirerois en ceux qui les prétendent, moins d'adresse que de mérite, & en ceux qui les distribuënt, moins d'éclat que de generosité.

La justice a des égards sur tout dans la distribution des graces : elle fait regler la liberalité de celui qui donne ; elle considere le mérite de celui qui reçoit. La generosité avec toutes ses circonstances est une vertu admirable : sans la justice, c'est le mouvement d'une ame veritablement noble, mais mal reglée ; ou une fantaisie libre & glorieuse, qui se fait une gêne de la dépendance qu'elle doit avoir de la raison.

Il y a tant de choses à examiner touchant la distribution des bienfaits, que le plus sûr est de s'en tenir toûjours à la justice, consultant la raison également sur les gens à qui l'on donne, & sur ce que l'on peut donner. Mais parmi ceux qui ont dessein même d'être justes, combien y en a-t'il qui ne suivent que l'erreur d'un faux naturel à récompenser & à punir ? Quand on se rend aux insinuations ; quand on se laisse gagner aux complaisances, l'amour-propre nous fait voir comme une justice la profusion que nous faisons envers ceux qui nous flattent ; & nous récompensons des mesures artificieuses, dont on se sert pour tromper nôtre jugement, & surprendre le foible de nôtre volonté.

Ceux-là se trompent plus facilement encore, qui font de l'austérité de leur naturel une inclination à la justice. L'envie de punir est ingénieuse en eux à trouver du mal en toutes choses. Les plaisirs leur sont des vices, les erreurs des crimes. Il faudroit se défaire de l'humanité pour se mettre à couvert de leur rigueur. Trompés par une fausse opinion de vertu, ils croyent châtier un criminel, quand ils se plaisent à tourmenter un misérable.

Si la justice ordonne un grand châtiment, (ce qui est necessaire quelquefois,) elle le proportionne à un grand crime ; mais elle n'est ni sévere, ni rigoureuse. La sévérité & la rigueur ne sont jamais d'elle, à le bien prendre ;

dre ; elles sont de l'humeur de ceux qui pensent la pratiquer. Comme ces sortes de punitions sont de la justice sans rigueur, le pardon en est aussi en certaines occasions, plûtôt que de la clémence. Dans une faute d'erreur, pardonner est une justice à nôtre nature défectueuse : l'indulgence qu'on a pour les femmes qui font l'amour, est moins une grace à leur peché, qu'une justice à leur foiblesse.

Sur la religion.

JE pourrois descendre à beaucoup d'autres singularités qui regardent la justice ; mais il est tems de venir à la religion, dont le soin nous doit occuper avant toutes choses. C'est à faire aux insensés de compter sur une vie qui doit finir, & qui peut finir à toute heure.

La simple curiosité nous feroit chercher avec soin ce que nous deviendrons après la mort. Nous nous sommes trop chers pour consentir à nôtre perte toute entiere : l'amour-propre résiste en secret à l'opinion de nôtre anéantissement. La volonté nous fournit sans cesse le desir d'être toûjours ; & l'esprit interessé en sa propre conservation, aide ce desir de quelque lumiere, dans une chose d'elle-même fort obscure. Cependant le corps, qui se voit mourir sûrement, comme s'il ne vouloit pas mourir seul, prête des raisons pour envelopper l'esprit dans sa ruine, tandis que

l'ame

l'ame s'en fait une pour croire qu'elle peut subsister toûjours.

Pour pénetrer dans une chose si cachée, j'ai appellé au secours de mes reflexions les lumieres des anciens & des modernes : j'ai voulu lire tout ce qui s'est écrit de l'immortalité de l'ame ; & après l'avoir lu avec attention, la preuve la plus sensible que j'aye trouvée de l'éternité de mon esprit, c'est le desir que j'ai de toûjours être.

Je voudrois n'avoir jamais lû les meditations de Monsieur Descartes. L'estime où est parmi nous cet excellent homme, m'auroit laissé quelque créance de la démonstration qu'il nous promet : mais il m'a paru plus de vanité dans l'assurance qu'il en donne, que de solidité dans les preuves qu'il en apporte ; & quelqu'envie que j'aye d'être convaincu de ses raisons, tout ce que je puis faire en sa faveur & en la mienne, c'est de demeurer dans l'incertitude où j'étois auparavant.

J'ai passé d'une étude de métaphysique à l'examen des religions, & retournant à cette antiquité, qui m'est si chere, je n'ai vu chez les grecs, & chez les romains qu'un culte superstitieux d'idolâtres, ou une invention humaine politiquement établie pour bien gouverner les hommes. Il ne m'a pas été difficile de reconnoître l'avantage de la religion chrétienne sur les autres ; & tirant de moi tout ce que je puis pour me soumettre respectueusement

ment à la foi de ses mysteres, j'ai laissé goûter à ma raison avec plaisir la plus pure & la plus parfaite morale qui fut jamais.

Dans la diversité des créances qui partagent le christianisme, la vraye catholicité me tient à elle autant par mon élection, si j'avois encore à choisir, que par habitude & par les impressions que j'en ai reçûës. Mais cet attachement à ma créance ne m'anime point contre celle des autres, & je n'eus jamais ce zele indiscret, qui nous fait haïr les personnes, parce qu'elles ne conviennent pas de sentiment avec nous. L'amour-propre forme ce faux zele, & une séduction secrette nous fait voir de la charité pour le prochain, où il n'y a rien qu'un excès de complaisance pour nôtre opinion.

Ce que nous appellons aujourd'hui, les religions, n'est, à le bien prendre, que difference dans la religion, & non pas religion differente. Je me réjoüis de croire plus sainement qu'un Huguenot : cependant, au lieu de le haïr pour la difference d'opinion, il m'est cher de ce qu'il convient de mon principe. Le moyen de convenir à la fin en tout, c'est de se communiquer toûjours par quelque chose. Vous n'inspirerez jamais l'amour de la réünion, si vous n'ôtez la haine de la division auparavant. On peut se rechercher comme sociables ; mais on ne revient point à des ennemis. La feinte, l'hypocrisie dans la religion,
sont

sont les seules choses qui doivent être odieuses ; car qui croit de bonne foi, quand il croiroit mal, se rend digne d'être plaint, au lieu de mériter qu'on le persécute. L'aveuglement du corps attire la compassion : que peut avoir celui de l'esprit pour exciter de la haine ? Dans la plus grande tyrannie des anciens, on laissoit à l'entendement une pleine liberté de ses lumieres, & il y a des nations aujourd'hui parmi les chrétiens, où l'on impose la loi de se persuader ce qu'on ne peut croire ! Selon mon sentiment, chacun doit être libre dans sa créance, pourvu qu'elle n'aille pas à exciter des factions qui puissent troubler la tranquillité publique. Les temples sont du droit des souverains ; ils s'ouvrent & se ferment comme il leur plaît : mais nôtre cœur en est un secret, où il nous est permis d'adorer leur maître (1).

Outre la différence de doctrine en certains points, affectée à chaque religion, je trouve qu'elles ont toutes comme un esprit particulier qui les distingue. Celui de la catholicité

va

---

(1) *L'Empereur Constance Chlore, tout payen qu'il étoit, se contenta de faire abattre les temples des chrétiens ; il ne voulut pas qu'on leur fît d'autre violence.* Constantius, ne dissentire à majorum præceptis videretur, conventicula, id est parietes, qui restitui poterant, dirui passus est ; verum autem Dei templum, quod est in hominibus, incolume servavit. *Lact. de Mort. Pers.* 5. 15.

va singulierement à aimer Dieu, & à faire de bonnes œuvres. Nous regardons ce premier être comme un objet souverainement aimable, & les ames tendres sont touchés des douces & agréables impressions qu'il fait sur elles. Les bonnes œuvres suivent necessairement ce principe: car si l'amour se forme au dedans, il fait agir au dehors, & nous oblige à mettre tout en usage pour plaire à ce que nous aimons. Ce qu'il y a seulement à craindre, c'est que la source de cet amour qui est dans le cœur, ne soit alterée par le mélange de quelque passion toute humaine. Il est à craindre aussi qu'au lieu d'obéïr à Dieu en ce qu'il ordonne, nous ne tirions de nôtre fantaisie des manieres de le servir qui nous plaisent. Mais si cet amour a une pureté véritable, rien au monde ne fait goûter une plus véritable douceur. La joye intérieure des ames devotes vient d'une assurance secrette qu'elles pensent avoir d'être agréables à Dieu; & les vrayes mortifications, les saintes austérités sont d'amoureux sacrifices d'elles-mêmes.

La religion réformée dépoüille les hommes de toute confiance au mérite. Le sentiment de la prédestination dont elle se dégoûte, & qu'elle n'oseroit quitter pour ne se démentir pas, laisse une ame languissante sans affection & sans mouvement, sous prétexte de tout attendre du Ciel avec soumission: elle ne cherche pas à plaire; elle se contente d'obéïr; &

dans un culte exact & commun, elle fait Dieu l'objet de sa régularité plûtôt que de son amour. Pour tenir la religion dans sa pureté, les calvinistes veulent réformer tout ce qui paroît humain : mais souvent ils retranchent trop de ce qui s'adresse à Dieu, pour vouloir trop retrancher de ce qui part de l'homme. Le dégoût de nos cérémonies les fait travailler à se rendre plus purs que nous. Il est vrai qu'étant arrivés à cette pureté trop seche & trop nuë, ils ne se trouvent pas eux-mêmes assez devots; & les personnes pieuses parmi eux se font un esprit particulier qui leur semble surnaturel, dégoûtées qu'elles sont d'une régularité qui leur paroît trop commune.

Il y a de deux sortes d'esprits en matiere de religion. Les uns vont à augmenter les choses établies : les autres à en retrancher toûjours. Si l'on suit les premiers, il y a du danger de donner à la religion trop d'extérieur, & de la couvrir de certains dehors qui n'en laissent pas voir le fond véritable. Si on s'attache aux derniers, le péril est qu'après avoir retranché tout ce qui est superflu, on ne vienne à retrancher la religion même. La catholique pourroit avoir un peu moins de choses extérieures ; mais rien n'empêche les gens éclairés de la connoître telle qu'elle est sous ces dehors. La réformée n'en a pas assez ; & son culte trop ordinaire ne se distingue pas autant qu'il faut

des

des autres occupations de la vie. Aux lieux où elle n'est pas tout-à-fait permise, la difficulté empêche le dégoût ; la dispute forme une chaleur qui l'anime : où elle est la maîtresse, elle produit seulement l'exactitude du devoir, comme feroit le gouvernement politique, ou quelque autre obligation.

Pour les bonnes mœurs, elles ne sont chez les Huguenots que des effets de leur foi, & des suites de leur créance. Nous demeurons d'accord que tous les chrétiens sont obligés à bien croire & à bien vivre ; mais la maniere de nous exprimer sur ce point est différente, & quand ils disent que *les bonnes œuvres sont des œuvres mortes sans la foi*, nous disons que *la foi sans les bonnes œuvres est une foi morte*.

Le ministre Morus avoit accoûtumé de dire parmi ses amis, Que son église avoit quelque chose de trop dur dans son opinion, & qu'il conseilloit de ne lire jamais les épîtres de S. Paul, sans finir par celle de S. Jacques; de peur, disoit-il, que la chaleur de S. Paul contre le mérite des bonnes œuvres, ne nous inspirât insensiblement quelque langueur à les pratiquer.

On pourroit dire, à mon avis, que S. Pierre & S. Jacques avoient eu raison de prêcher à des gens aussi corrompus qu'étoient les Juifs, la nécessité des bonnes œuvres ; car c'étoit leur prescrire ce qui leur manquoit, & dont ils pouvoient se sentir convaincus eux-mêmes.

Mais ces apôtres auroient peu avancé leur ministere par le discours de la grace, avec un peuple qui pensoit avoir plus de foi que tout le reste du monde ; avec un peuple qui avoit vu les miracles faits en sa faveur, & qui avoit éprouvé mille fois les assistances visibles d'un Dieu.

Saint Paul n'agissoit pas moins sagement avec les gentils, étant certain qu'il eût converti peu de gens à Jesus-Christ par le discours des bonnes œuvres. Les gentils étoient justes & tempérans : ils avoient de l'intégrité & de l'innocence : ils étoient fermes & constans, jusques à mourir pour la patrie. Leur prêcher les bonnes œuvres, c'étoit faire comme les philosophes, qui leur enseignoient à bien vivre. La morale de Jesus-Christ étoit plus pure, je l'avouë ; mais elle n'avoit rien qui pût faire assez d'impression sur leurs esprits. Il falloit leur prêcher la necessité de la grace, & anéantir autant qu'on pouvoit la confiance qu'ils avoient en leur vertu.

Il me semble que depuis la réformation, dont le désordre des gens d'église a été le prétexte ou le sujet ; il me semble, dis-je, que depuis ce tems-là on a voulu faire rouler le christianisme sur la doctrine des créances. Ceux qui ont établi la réformation, ont accusé nos scandales & nos vices ; & aujourd'hui nous faisons valoir contre eux les bonnes œuvres. Les mêmes qui nous reprochoient de vivre

vre mal, ne veulent tirer avantage présentement que de l'imagination qu'ils ont de bien croire. Nous confessons la necessité de la créance ; mais la charité a été ordonnée par JESUS-CHRIST, & la doctrine des mysteres n'a été bien établie que long-tems après sa mort. Lui-même n'a pas expliqué si nettement ce qu'il étoit, que ce qu'il a voulu : d'où l'on peut conclure qu'il a mieux aimé se faire obéïr, que de se laisser connoître. La foi est obscure ; la loi est nettement exprimée. Ce que nous sommes obligés de croire est au dessus de nôtre intelligence : ce que nous avons à faire est de la portée de tout le monde. En un mot, Dieu nous donne assez de lumieres pour bien agir : nous en voulons pour savoir trop ; & au lieu de nous en tenir à ce qu'il nous découvre, nous voulons pénetrer dans ce qu'il nous cache.

Je sai que la contemplation des choses divines fait quelquefois un heureux détachement de celles du monde ; mais souvent ce n'est que pure spéculation, & l'effet d'un vice fort naturel & fort humain. L'esprit intempérant dans le desir de savoir, se porte à ce qui est au dessus de la nature, & cherche ce qu'il y a de plus secret en son auteur, moins pour l'adorer, que par une vaine curiosité de tout connoître. Ce vice est bien-tôt suivi d'un autre. La curiosité fait naître la présomption ; & aussi hardis à définir, qu'indiscrets

à

à rechercher, nous établissons une science comme assurée de choses qu'il nous est impossible même de concevoir. Tel est le méchant usage de l'entendement & de la volonté. Nous aspirons ambitieusement à tout comprendre, & nous ne le pouvons pas. Nous pouvons religieusement tout observer, & nous ne le voulons point. Soyons justes, charitables, patiens par le principe de nôtre religion, nous connoîtrons & nous obéïrons tout ensemble.

Je laisse à nos savans à confondre les erreurs des calvinistes, & il me suffit d'être persuadé que nous avons les sentimens les plus sains. Mais, à le bien prendre, j'ose dire que l'esprit des deux religions est fondé differemment sur de bons principes, selon que l'une envisage la pratique du bien plus étenduë, & que l'autre se fait une regle plus précise d'éviter le mal. La catholique a pour Dieu une volonté agissante, & une industrie amoureuse, qui cherche éternellement quelque secret de lui plaire. La huguenote toute en circonspection & en respect, n'ose passer au delà du précepte qui lui est connu, de peur que des nouveautés imaginées ne viennent à donner trop de crédit à la fantaisie.

Le moyen de nous réünir n'est pas de disputer toûjours sur la doctrine. Comme les raisonnemens sont infinis, les controverses dureront autant que le genre humain qui les fait:
mais

mais fi, laiffant toutes les difputes qui entretiennent l'aigreur, nous remontons fans paffion à cet efprit particulier qui nous diftingue, il ne fera pas impoffible d'en former un general qui nous réüniffe.

Que nos catholiques fixent ce zele inquiet qui les fait un peu trop agir d'eux-mêmes: que les huguenots fortent de leur régularité pareffeufe, & animent leur langueur, fans rien perdre de leur foumiffion à la providence. Faifons quelque chofe de moins en leur faveur: qu'ils faffent quelque chofe de plus pour l'amour de nous. Alors fans fonger au libre-arbitre, ni à la prédeftination, il fe formera infenfiblement une véritable regle pour nos actions, qui fera fuivie de celle de nos fentimens.

Quand nous ferons parvenus à la reconciliation de la volonté fur le bon ufage de la vie, elle produira bien-tôt celle de l'entendement fur l'intelligence de la doctrine. Faifons tant que de bien agir enfemble, & nous ne croirons pas long-tems féparément.

Je conclus de ce petit difcours, que c'eft un mauvais moyen pour convertir les hommes, que de les attaquer par la jaloufie de l'efprit. Un homme défend fes lumieres, ou comme vrayes, ou comme fiennes (1); & de quelque façon que ce foit, il forme cent oppofitions contre

---

(1) *Penfée de Montagne.*

contre celui qui le veut convaincre. La nature donnant à chacun son propre sens, paroît l'y avoir attaché avec une secrette & amoureuse complaisance. L'homme peut se soumettre à la volonté d'autrui, tout libre qu'il est : il peut s'avoüer inferieur en courage & en vertu; mais il a honte de se confesser assujetti au sens d'un autre : sa répugnance la plus naturelle est de reconnoître en qui que ce soit une supériorité de raison.

Nôtre premier avantage, c'est d'être nez raisonnables. Nôtre premiere jalousie, c'est de voir que d'autres veüillent l'être plus que nous. Si nous prenons garde aux anciennes conversions qui se sont faites, nous trouverons que les ames ont été touchées, & les entendemens peu convaincus. C'est dans le cœur que se forme la premiere disposition à recevoir les verités chrétiennes. Aux choses qui sont purement de la nature, c'est à l'esprit de concevoir, & sa connoissance précede l'attachement aux objets : aux surnaturelles, l'ame s'y prend ; s'y affectionne ; s'y attache ; s'y unit, sans que nous les puissions comprendre.

Dieu a mieux préparé nos cœurs à l'impression de sa grace, que nos entendemens à celle de sa lumiere. Son immensité confond nôtre petite intelligence. Sa bonté a plus de rapport à nôtre amour. Il y a je ne sai quoi au fond de nôtre ame qui se meut secrettement

pour

pour un Dieu que nous ne pouvons connoître ; & de-là vient que pour travailler à la conversion des hommes, il nous faut établir avec eux la douceur de quelque commerce, où nous puissions leur inspirer nos mouvemens. Car dans une dispute de religion, l'esprit s'efforce en vain de faire voir ce qu'il ne voit pas ; mais dans une habitude douce & pieuse, il est aisé à l'ame de faire sentir ce qu'elle sent.

A bien considérer la religion chrétienne, on diroit que Dieu a voulu la dérober aux lumieres de nôtre esprit, pour la tourner sur les mouvemens de nôtre cœur. Aimer Dieu & son prochain, la comprend toute, selon S. Paul ; & qu'est-ce autre chose, que nous demander la disposition de nôtre cœur, tant à l'egard de Dieu, qu'à celui des hommes ? C'est nous obliger proprement à vouloir faire par les tendresses de l'amour, ce que la politique nous ordonne avec la rigueur des loix, & ce que la morale nous prescrit par un ordre austere de la raison.

La charité nous fait assister & secourir ; quand la justice nous défend de faire injure ; & celle-ci empêche l'oppression avec peine, quand celle-là procure avec plaisir le soulagement. Avec les vrais sentimens que nôtre religion nous inspire, il n'y a point d'infideles dans l'amitié, il n'y a point d'ingrats dans les bienfaits. Avec ces bons sentimens un cœur aime innocemment les objets que Dieu a rendus

dus aimables, & ce qu'il y a d'innocent en nos amours, est ce qu'il y a de plus doux & de plus tendre.

Que les personnes grossiéres & sensuelles se plaignent de nôtre religion pour la contrainte qu'elle leur donne, les gens délicats ont à se loüer de ce qu'elle leur épargne les dégoûts & les repentirs. Plus entenduë que la philosophie voluptueuse dans la science des plaisirs ; plus sage que la philosophie austere dans la science des mœurs, elle épure nôtre goût pour la délicatesse, & nos sentimens pour l'innocence. Regardez l'homme dans la societé civile, si la justice lui est necessaire, vous verrez qu'elle lui est rigoureuse. Dans le pur état de la nature, sa liberté aura quelque chose de farouche ; & s'il se gouverne par la morale, sa propre raison aura de l'austerité. Toutes les autres religions remuënt dans le fond de son ame des sentimens qui l'agitent, & des passions qui le troublent. Elles soulevent contre la nature des craintes superstitieuses, ou des zeles furieux, tantôt pour sacrifier ses enfans, comme Agamemnon, tantôt pour se dévoüer soi-même, comme Decie. La seule religion chrétienne appaise ce qu'il y a d'inquiet : elle adoucit ce qu'il y a de féroce : elle employe ce que nous avons de tendre en nos mouvemens, non seulement avec nos amis & avec nos proches, mais avec les indifferens, & en faveur même de nos ennemis.

Voila

Voila quelle est la fin de la religion chrétienne, & quel en étoit autrefois l'usage. Si on en voit d'autres effets aujourd'hui, c'est que nous lui avons fait perdre les droits qu'elle avoit sur nôtre cœur, pour en faire usurper à nos imaginations sur elle. De-là est venuë la division des esprits sur la créance, au lieu de l'union des volontés sur les bonnes œuvres : en sorte que ce qui devoit être un lien de charité entre les hommes, n'est plus que la matiere de leurs contestations, de leurs jalousies, & de leurs aigreurs.

De la diversité des opinions, on a vû naître celle des partis, & l'attachement des partis a produit les persécutions & les guerres. Des millions d'hommes ont péri à contester de qu'elle maniere on prenoit au sacrement ce qu'on demeuroit d'accord d'y prendre. C'est un mal qui dure encore, & qui durera toûjours, jusqu'à ce que la religion repasse de la curiosité de nos esprits, à la tendresse de nos cœurs, & que rebutée de la folle présomption de nos lumieres, elle aille retrouver les doux mouvemens de nôtre amour.

VI. *Sur la vanité des disputes de religion,
& le faux zele des persécuteurs.*

STANCES

IRREGULIERES.

CLAUDE le protestant allegue l'écriture,
Dont le sens par Nicolle est toûjours contesté :
Dans la tradition que Nicolle tient sûre,
Claude ne reconnoît aucune verité (1).

    Toutes ces belles controverses
    Sur les religions diverses,
    N'ont jamais produit aucun bien :
    Chacun s'anime pour la sienne ;
    Et que fait-on pour la chrétienne ?
    On dispute, & l'on ne fait rien.

    Comment ? On ne fait rien pour elle ?
    On condamne les Juifs au feu ;
    On extermine l'infidelle :
    Si vous jugez que c'est trop peu,
    On fera pendre l'hérétique,
    Et quelquefois le catholique
    Aura même peine à son tour :
Où pourroit-on trouver plus de zele & d'amour :
                       Non,

---

(1) *Mr. Nicolle est l'auteur du livre intitulé : Préjugés légitimes contre les calvinistes. Mr. Claude l'a refuté dans sa défense de la réformation. Voyez là-dessus le dictionnaire de Bayle à l'article de Mr. Nicolle.*

DE SAINT-EVREMOND.

Non, non, tu travailles contre elle :
Tout suplice, gêne, tourment,
Tient d'un noir & funeste zele,
Que son humanité dément.

Tu combats sa propre nature,
Sous prétexte de l'honorer,
Quand pour elle tu fais l'injure
Qu'elle t'ordonne d'endurer.

VII. PROBLEME

A l'imitation des espagnols,

A MADEMOISELLE DE QUEROUALLE (1).

JE ne sai ce qui nuit le plus au bonheur de la vie des femmes, ou de s'abandonner à tous les mouvemens de la passion, ou de suivre tous les sentimens de la vertu : je ne sai si leur abandonnement est suivi de plus de maux que la contrainte ne leur ôte de plaisirs. J'ai vu des voluptueuses au desespoir du mépris où elles étoient tombées : j'ai vû des prudes soupirer de leur vertu : leur cœur gêné de leur sagesse, cherchoit à se soulager par des soupirs, du secret tourment de n'oser aimer. Enfin j'ai vu les unes pousser des regrets vers l'estime qu'elles avoient perduë : j'ai vu les autres pousser des desirs vers les voluptés qu'elles n'osoient prendre. Heureuse qui peut se conduire discrement sans gêner ses inclinations ! car s'il y a de la honte à aimer sans retenuë, il y a bien de la peine à passer la vie sans amour.

Pour

---

(1) Depuis duchesse de Portsmouth.

Pour éviter ce dernier malheur, Mademoiselle, il sera bon que vous suiviez un avis que je veux vous donner sans interêt. Ne rebutez pas trop severement les tentations en ce pays-ci : elles y sont modestes, elles ont plus de pudeur à s'offrir, que n'en doit avoir une honnête fille à les écouter. Peut-être êtes-vous assez vaine pour ne vous contenter que de vous-même : mais vous vous lasserez bien-tôt d'être seule à vous plaire & à vous aimer ; & quelque complaisance que fournisse l'amour propre, vous aurez besoin de celui d'un autre pour le veritable agrément de vôtre vie. Laissez-vous donc aller à la douceur des tentations, au lieu d'écouter vôtre fierté. Vôtre fierté vous feroit bien-tôt retourner en France, & la France vous jetteroit, selon le destin de beaucoup d'autres, en quelque convent : mais quand vous choisiriez de vôtre propre mouvement ce triste lieu de retraite, encore faudroit'il auparavant vous être renduë digne d'y entrer. Quelle figure y ferez-vous, si vous n'avez pas le caractere d'une penitente ? La vraye penitente est celle qui s'afflige & se mortifie au souvenir de ses fautes. De quoi fera penitence une bonne fille qui n'aura rien fait ? Vous paroîtrez ridicule aux autres sœurs, de vous voir repentir par pure grimace, de ce qu'elles se repentent avec un juste sujet.

Voici un autre inconvenient que vous ne manquerez pas d'essuyer, c'est qu'au lieu de porter au convent le dégoût de l'amour, le convent vous en fera naître l'envie. Ce lieu faint change l'amour en devotion, quand on a aimé dans le monde : ce lieu plus dangereux que les lieux profanes, change la devotion en amour, quand on n'en a pas fait l'experience. Alors toute la ferveur de vôtre zele s'étant convertie en amour, vous soupirerez inutilement pour ses plaisirs; & dans la difficulté de les goûter, vous vous représenterez fans cesse pour vôtre tourment la facilité que vous en aviez dans le monde. Ainsi vous serez consumée de regrets, ou devorée de desirs, selon que vôtre ame se tournera au souvenir de ce que vous avez pu faire, ou à l'imagination de ce que vous ne pourrez exécuter.

Mais ce qu'il y aura de plus étrange pour vous dans le convent, c'est que vôtre raison ne contribuëra pas moins que vôtre passion à vous rendre malheureuse. Plus vous serez éclairée, plus vous aurez à souffrir de l'imbécilité d'une vieille supérieure; & les lumieres de vôtre esprit ne serviront qu'à exciter le murmure de vôtre cœur. Sous une contenance mortifiée, vous aurez des sentimens révoltés; & obéïssant à des ordres, où vous ne pourrez sincerement vous soumettre, ni ouvertement vous opposer, vous passerez des jours malheureux dans le desespoir de vôtre condition, avec la grimace d'une fausse penitence. Triste vie, ma pauvre sœur, d'être

obligée

obligée à pleurer par coutume le peché qu'on n'a pas fait, dans le tems que vient l'envie de le faire!

Voilà le miserable état des bonnes filles, qui portent au convent leur innocence. Elles y sont malheureuses, pour n'avoir pas fait un bon fondement de leur repentir : fondement si necessaire aux maisons religieuses, qu'il faudra vous envoyer aux eaux par pitié, pour vous faire, s'il est possible, quelque petit sujet de penitence.

Soit que vous demeuriez dans le monde, comme je le souhaite, soit que vous en sortiez, comme je le crains, vôtre interêt est d'accommoder deux choses qui paroissent incompatibles, & qui ne le sont pas, l'amour & la retenuë. On vous a dit peut-être qu'il vaut mieux n'aimer point du tout, que d'aimer avec cette contrainte : mais la regle de ma retenuë n'a rien d'austere, puis qu'elle prescrit seulement de n'aimer qu'une personne à la fois. Celle qui n'en aime qu'une, se donne seulement : celle qui en aime plusieurs, s'abandonne ; & de cette sorte de bien, comme des autres, l'usage est honnête, & la dissipation honteuse.

VIII. LETTRE A MONSIEUR LE COMTE D'OLONNE.

AUSSI-TÔT que je fus vôtre disgrace (1), je me donnai l'honneur de vous écrire, pour vous témoigner mon déplaisir; & je vous écris présentement, pour vous dire qu'il faut éviter au moins le chagrin dans le tems où il n'est pas en nôtre pouvoir de goûter la joye. S'il y a d'honnêtes-gens au lieu où vous êtes, leur conversation pourra vous consoler des commerces que vous avez perdus. Et si vous n'y en trouvez pas, les livres & la bonne chere vous peuvent être d'un grand secours, & d'une assez douce consolation. Je vous parle en maître qui peut donner des leçons; non pas que je présume beaucoup de la force de mon esprit, mais je pense avoir quelque

---

(1) *Le comte d'Olonne, Mr. de Vincüil, l'abbé d'Effiat, & deux ou trois autres, ayant tenu quelques discours libres contre le Roi, furent exilés de la cour en 1674. Mr. d'Olonne fut d'abord relegué à Orleans; mais il eut ensuite permission de se retirer dans sa terre de Montmirel, près de Villers-Cotrets.*

que droit à prendre de l'autorité sur les nouveaux disgraciés, par une longue expérience des méchantes affaires, & des malheurs.

Parmi les livres que vous choisirez pour vôtre entretien à la campagne, attachez-vous à ceux qui font leurs effets sur vôtre humeur par leur agrément, plûtôt qu'à ceux qui prétendent fortifier vôtre esprit par leurs raisons. Les derniers combattent le mal ; ce qui se fait toûjours aux dépens de la personne en qui le combat se passe : les premiers le font oublier ; & à une douleur oubliée il n'est pas difficile de faire succeder le sentiment de la joye.

La morale n'est propre qu'à former méthodiquement une bonne conscience, & j'ai vu sortir de son école des gens graves & composés, qui donnoient un tour fort ridicule à la prud'hommie. Les vrais honnêtes-gens n'ont que faire de ses leçons. Ils connoissent le bien par la seule justesse de leur goût, & s'y portent de leur propre mouvement. Ce n'est pas qu'il n'y ait de certaines occasions où son aide n'est pas à rejetter : mais où l'on peut avoir besoin de son aide, on se passeroit bien de ces occasions.

Si vous êtiez réduit à la necessité de vous faire couper les veines, je vous permetrois de lire Sénéque, & de l'imiter : encore aimerois-je mieux me laisser aller à la nonchalance de Pétrone, que d'étudier une fermeté que l'on n'acquiert pas sans beaucoup d'effort.

Si vous étiez d'humeur à vous dévoüer pour la patrie, je vous conseillerois de ne lire autre chose que la vie de ces vieux romains, qui cherchoient à mourir pour le bien de leur pays : mais en l'état où vous êtes, il vous convient de vivre pour vous, & de passer le plus agréablement que vous pourrez le reste de vôtre vie. Or cela étant comme il est, laissez-là toute étude de sagesse, qui ne va pas à diminuer vos chagrins, ou à vous redonner des plaisirs. Vous chercherez de la constance dans Sénéque, & vous n'y trouverez que l'austerité. Plutarque sera moins gênant : cependant il vous rendra grave & serieux plus que tranquille. Montagne vous fera mieux connoître l'homme qu'aucun autre ; mais c'est l'homme avec toutes ses foiblesses : connoissance utile dans la bonne fortune pour la modération, triste & affligeante dans la mauvaise.

Que les malheureux donc ne cherchent pas dans les livres à s'attrister de nos miseres, mais à se réjoüir de nos folies ; & par cette raison, vous prefererez à la lecture de Sénéque, de Plutarque & de Montagne, celle de Lucien, de Pétrone, de Don Quichote. Je vous recommande sur tout Don Quichote : quelque affliction que vous ayez, la finesse de son ridicule vous conduira imperceptiblement à la joye.

Vous

Vous me direz peut-être que je n'ai pas été d'une humeur si enjoüée dans mes malheurs, que je le parois dans les vôtres ; & qu'il est malhonnête de donner toutes ses douleurs à ses maux, lors qu'on garde son indifference, & sa gayeté même pour ceux de ses amis. J'en demeurerois d'accord avec vous, si j'en usois de la sorte : mais je puis dire avec verité que je ne suis gueres moins sensible à vôtre exil que vous-même ; & la joye que je vous conseille est à dessein de m'en attirer quand je vous aurai vu capable d'en recevoir.

Pour ce qui regarde mes malheurs, si je vous y ai paru plus triste que je ne vous parois aujourd'hui, ce n'est pas que je le fusse en effet. Je croyois que les disgraces exigeoient de nous la bienséance d'un air douloureux, & que cette mortification apparente étoit un respect dû à la volonté des supérieurs, qui songent rarement à nous punir sans dessein de nous affliger : mais sachez que sous de tristes dehors & une contenance mortifiée, je me suis donné toute la satisfaction que j'ai sû trouver en moi-même, & tout le plaisir que j'ai pu prendre dans le commerce de mes amis.

Après avoir trouvé ridicule la gravité de la morale, je serois ridicule, si je continuois un discours si serieux : ce qui me fait passer à des conseils moins gênans que les instructions.

Accommodez autant qu'il vous fera possible, vôtre goût à vôtre santé : c'est un grand secret de pouvoir concilier l'agréable & le necessaire en deux choses qui ont été presque toûjours opposées. Pour ce grand secret néanmoins, il ne faut qu'être sobre & délicat : & que ne doit-on pas faire, pour apprendre à manger délicieusement aux heures du repas ; ce qui tient l'esprit & le corps dans une bonne disposition pour toutes les autres ? On peut être sobre sans être délicat ; mais on ne peut jamais être délicat sans être sobre. Heureux qui a les deux qualités ensemble ! il ne sepàre point son regime d'avec son plaisir.

N'épargnez aucune dépense pour avoir des vins de Champagne, fussiez-vous à deux cens lieuës de Paris. Ceux de Bourgogne ont perdu leur crédit avec les gens de bon goût, & à peine conservent-ils un reste de vieille réputation chez les marchands. Il n'y a point de province qui fournisse d'excellens vins pour toutes les saisons que la Champagne. Elle nous fournit le vin d'Ay, d'Avenet, d'Auvilé, jusqu'au printems ; Tessy, Sillery, Versenai, pour le reste de l'année.

Si vous me demandez lequel je préfere de tous les vins, sans me laisser aller à des modes de goûts qu'introduisent de faux délicats, je vous dirai que le bon vin d'Ay est le plus naturel de tous les vins, le plus sain, le plus épuré de toute senteur de terroir ; d'un agrément

ment le plus exquis, par son goût de pêche qui lui est particulier, & le premier, à mon avis, de tous les goûts. Leon X. Charles-Quint, François I. Henri VIII. avoient tous leur propre maison dans Ay, ou proche d'Ay, pour y faire plus curieusement leurs provisions. Parmi les plus grandes affaires du monde qu'eurent ces grands Princes à démêler, avoir du vin d'Ay ne fut pas un des moindres de leurs soins.

Ayez peu de curiosité pour les viandes rares, & beaucoup de choix pour celles qu'on peut avoir commodément. Un potage de santé bien naturel, qui ne sera ni trop peu fait, ni trop consommé, se doit préférer pour un ordinaire à tous les autres, tant par la justesse de son goût, que par l'utilité de son usage. Du mouton tendre & succulent ; du veau de bon lait, blanc & délicat ; la volaille de bon suc, moins engraissée que nourrie ; la caille grasse prise à la campagne, un faisan, une perdrix, un lapin, qui sentent bien chacun dans son goût ce qu'ils doivent sentir, sont les veritables viandes qui pourront faire en differentes saisons les délices de vôtre repas. La gelinote de bois est estimable sur tout par son excellence, mais peu à conseiller où vous êtes & où je suis, par sa rareté.

Si une necessité indispensable vous fait dîner avec quelques-uns de vos voisins, que leur argent ou leur adresse aura sauvé de l'arriereriere-ban, loüés le liévre, le cerf, le chevreuil, le sanglier, & n'en mangez point : que les canards & quasi les cercelles s'attirent la même loüange. De toutes les viandes noires, la seule becassine sera sauvée en faveur du goût, avec un leger préjudice de la santé.

Que tous mélanges & compositions de cuisine, appellés ragouts, ou, hors-d'œuvres, passent auprès de vous pour des especes de poisons. Si vous n'en mangez qu'un peu, ils ne vous feront qu'un peu de mal : si vous en mangez beaucoup, il n'est pas possible que leur poivre, leur vinaigre & leurs oignons ne ruinent à la fin vôtre goût, & n'altérent bien-tôt vôtre santé. Les sauces toutes simples que vous ferez vous-même, ne peuvent avoir rien de mal-faisant. Le sel & l'orange sont l'assaisonnement le plus général & le plus naturel. Les fines herbes sont plus saines, & ont quelque chose de plus exquis que les épices ; mais elles ne sont pas également propres à toutes choses. Il faut les employer avec discernement aux mets où elles s'accommodent le mieux, & les dispenser avec tant de discrétion, qu'elles relevent le propre goût de la viande, sans faire quasi sentir le leur.

Après avoir parlé de la qualité des vins, & de la condition des viandes, il faut venir au conseil le plus necessaire pour l'accommodement du goût & de la santé.

Que la nature vous incite à boire & à manger par une disposition secrete, qui se fait legerement sentir, & ne vous y presse pas par le besoin. Où il n'y a point d'appetit, la plus saine nourriture est capable de nous nuire, & la plus agréable de nous dégoûter : où il y a de la faim, la necessité de manger est une especes de mal, qui en cause un autre après le repas, pour avoir fait manger plus qu'il ne faut. L'appetit donne de l'exercice à nôtre chaleur naturelle dans la digestion : l'avidité lui prépare du travail & de la peine. Le moyen de nous tenir toûjours dans une disposition agréable, c'est de ne souffrir ni vuide, ni réplétion ; afin que la nature n'ait jamais à se remplir avidement de ce qui lui manque, ni à se soulager avec empressement de ce qui la charge.

Voilà tous les conseils que mon expérience m'a su fournir pour la lecture & pour la bonne chere. Je ne veux pas finir, sans toucher un mot de ce qui regarde l'amour.

Si vous avez une maîtresse à Paris, oubliez-la le plûtôt qu'il vous sera possible ; car elle ne manquera pas de changer, & il est bon de prévenir les infideles. Une personne aimable à la cour y veut être aimée, & là où elle est aimée, elle aime à la fin. Celles qui conservent de la passion pour les gens qu'elles ne voyent plus, en font naître bien peu en ceux qui les voyent : la continuation de leur amour pour les abfens eft moins un honneur à leur conftance, qu'une honte à leur beauté. Ainfi, Monfieur, que vôtre maîtreffe en aime un autre, ou qu'elle vous aime encore, le bon fens vous la doit faire quitter comme trompeufe, ou comme méprifée. Cependant, en cas que vous voyïez quelque jour à la fin de vôtre difgrace, vous ne devez pas en mettre à vôtre amour. Les courtes abfences animent des paffions, au lieu que les longues les font mourir.

De quelque côté que fe tourne vôtre efprit, ne lui donnez pas un nouveau poids par la gravité des chofes trop férieufes. La difgrace n'a que trop de fa propre pefanteur. Faites en vôtre exil ce que Pétrone fit à fa mort : *Amove res ferias quibus gravitatis & conftantiæ gloria peti folet ; Tibi, ut illi, levia carmina & faciles verfus.*

Il y en a que leur malheur a rendu dévots par un certain attendriffement, par une pitié fecrete qu'on a pour foi, affez propre à difpofer les hommes à une vie plus religieufe. Jamais difgrace ne m'a donné cette efpece d'attendriffement : la nature ne m'a pas fait affez fenfible à mes propres maux. La perte de mes amis pourroit me donner de ces douleurs tendres, & de ces triftefles délicates dont les fentimens de dévotion fe forment avec le tems. Je ne confeillerois jamais à perfonne de réfifter à la dévotion qui fe forme de la tendreffe, dreſſe, ni à celle qui nous donne de la confiance. L'une touche l'ame agréablement : l'autre aſſure à l'eſprit un doux repos ; mais tous les hommes, & particulierement les malheureux, doivent ſe défendre avec ſoin d'une dévotion ſuperſtitieuſe, qui mêleroit ſa noirceur avec celle de l'infortune.

IX. *Sur les premieres années de la regence*,

A MADEMOISELLE DE L'ENCLOS.

STANCES IRREGULIERES.

J'AI vu le tems de la bonne régence,
Tems, où regnoit une heureuse abondance,
Tems, où la ville aussi-bien que la cour,
Ne respiroient que les jeux & l'amour.

  Une politique indulgente
  De vôtre nature innocente
  Favorisoit tous les desirs ;
  Tout goût paroissoit légitime,
La douce erreur ne s'appelloit point crime,
Les vices délicats se nommoient des plaisirs.

Meubles, habits, repas, danses, musiques,
Un air facile avec la propreté,
Rien de contraint, pas trop de liberté,
Peu de gens vains, presque tous magnifiques,
N'avoir chez soi que la commodité,
Faisoit alors les chagrins domestiques
Qu'aux autres tems fait la necessité.

Dans le commerce, on étoit sociable,
Dans l'entretien, naturel, agréable ;
On haïssoit un chagrin médisant,
On méprisoit un fade complaisant,
La verité délicate & sincere
Avoit trouvé le secret de nous plaire,

L'art de flater en parlant librement,
L'art de railler toûjours obligeamment,
En ce tems seul étoient choses connuës,
Auparavant nullement entenduës ;
Et l'on pourroit aujourd'hui sûrement
Les mettre au rang des sciences perduës.

Le sérieux n'avoit point les défauts
Des gravités, qui font les importantes,
Et le plaisant rien d'outré ni de faux :
Femmes sçavoient, sans faire les sçavantes,
Moliere en vain eût cherché dans la cour
   Ses ridicules affectées,
Et ses fâcheux n'auroient pas vû le jour
Manque d'objets à fournir les idées.

Aucun amant qui ne servît son Roi,
Guerrier aucun qui ne servît sa dame :
On ménageoit l'honneur de son emploi,
Bien plus encor la douceur de sa flame :
Tantôt les cœurs s'attachoient aux appas,
Libres tantôt ils cherchoient les combats.

Un jeune Duc (1), qui tenoit la victoire
Comme une esclave attachée à son char,
Par sa valeur, par l'éclat de sa gloire,
Fit oublier Alexandre & César.
Que ne mouroit alors son Eminence (2),
Pour son bonheur, & pour nôtre repos !
Elle eût fini ses beaux jours à propos,
Laissant un nom toûjours cher à la France.

(1) *Le duc d'Enguien.* | *zarin.*
(2) *Le cardinal Ma-* |

X. DE LA TRAGEDIE
ANCIENNE ET MODERNE.

ON n'a jamais vû tant de regles pour faire de belles tragédies, & on en fait si peu, qu'on est obligé de représenter toutes les vieilles. Il me souvient que l'abbé d'Aubignac en composa une selon toutes les loix qu'il avoit impérieusement données pour le théatre (1). Elle ne réussit point ; & comme il se vantoit par tout d'être le seul de nos auteurs qui eût bien suivi les préceptes d'Aristote ; *Je sai bon gré à Mr. d'Aubignac, dit Monsieur le Prince, d'avoir si bien suivi les règles d'Aristote : mais je ne pardonne point aux règles d'Aristote d'avoir fait faire une si méchante tragédie à Mr. d'Aubignac.*

Il faut convenir que la poëtique d'Aristote est un excellent ouvrage : cependant il n'y a rien d'assez parfait pour régler toutes les nations & tous les siecles. Descartes & Gassendi ont découvert des vérités qu'Aristote ne connoissoit pas. Corneille a trouvé des beautés pour le théatre, qui ne lui étoient pas connuës :

---

(1) *François Hedelin, abbé d'Aubignac, a fait un traité de la pratique du théatre.*

nuës : nos philosophes ont remarqué des erreurs dans sa physique : nos poëtes ont vu des défauts dans sa poëtique, pour le moins à nôtre égard, toutes choses étant aussi changées qu'elles le sont.

Les dieux & les déesses causoient tout ce qu'il y avoit de grand & d'extraordinaire sur le théatre des anciens, par leurs haines, par leurs amitiés, par leurs vengeances, par leurs protections ; & de tant de choses surnaturelles, rien ne paroissoit fabuleux au peuple, dans l'opinion qu'il avoit d'une societé familiere entre les dieux & les hommes. Les dieux agissoient presque toûjours par des passions humaines : les hommes n'entreprenoient rien sans le conseil des dieux, & n'exécutoient rien sans leur assistance. Ainsi dans ce mélange de la divinité & de l'humanité, il n'y avoit rien qui ne se pût croire.

Mais toutes ces merveilles aujourd'hui nous sont fabuleuses. Les dieux nous manquent, & nous leur manquons ; & si voulant imiter les anciens en quelque façon, un auteur introduisoit des anges & des saints sur nôtre scene, il scandaliseroit les dévots comme profane, & paroîtroit imbécille aux libertins. Les prédicateurs ne souffriroient point que la chaire & le théatre fussent confondus, & qu'on allât apprendre de la bouche des comédiens ce qu'on débite avec autorité dans les églises à tous les peuples.

D'ailleurs, ce seroit donner un grand avantage aux libertins, qui pourroient tourner en ridicule à la comédie les mêmes choses qu'ils reçoivent dans les temples avec une apparente soumission; & par le respect du lieu où elles sont dites, & par la révérence des personnes qui les disent.

Mais posons que nos docteurs abandonnent toutes les matieres saintes à la liberté du théatre, faisons en sorte que les moins dévots les écoutent avec toute la docilité que peuvent avoir les personnes les plus soumises. Il est certain que la doctrine la plus sainte, des actions les plus chrétiennes, & des verités les plus utiles, on fera les tragédies du monde qui plairont le moins.

L'esprit de nôtre religion est directement opposé à celui de la tragédie. L'humilité & la patience de nos saints sont trop contraires aux vertus des héros que demande le théatre. Quel zele, quelle force le Ciel n'inspire-t'il pas à Néarque & à Polyeucte (1)? & que ne font pas ces nouveaux chrétiens pour répondre à ces heureuses inspirations? L'amour & les charmes d'une jeune épouse cherement aimée, ne font aucune impression sur l'esprit de Polyeucte. La considération de la politique de Felix, comme moins touchante, fait moins d'efet

_____

(1) *Voyez le Polyeucte de Corneille.*

d'effet. Insensible aux prieres & aux menaces, Polyeucte a plus d'envie de mourir pour Dieu, que les autres hommes n'en ont de vivre pour eux. Néanmoins ce qui eût fait un beau sermon, faisoit une misérable tragédie, si les entretiens de Pauline & de Sévére, animés d'autres sentimens & d'autres passions, n'eussent conservé à l'auteur la réputation que les vertus chrétiennes de nos martyrs lui eussent ôtée.

Le théatre perd tout son agrément dans la représentation des choses saintes, & les choses saintes perdent beaucoup de la religieuse opinion qu'on leur doit, quand on les représente sur le théatre.

A la verité, les histoires du vieux Testament s'accommoderoient beaucoup mieux à nôtre scéne. Moïse, Samson, Josué y feroient tout un autre effet que Polyeucte & Néarque. Le merveilleux qu'ils y produiroient, a quelque chose de plus propre pour le théatre. Mais il me semble que les Prêtres ne manqueroient pas de crier contre la profanation de ces histoires sacrées, dont ils remplissent leurs conversations ordinaires, leurs livres & leurs sermons. Et à parler sainement, le passage de la mer rouge, si miraculeux, le Soleil arrêté dans sa course, à la priere de Josué, les armées défaites par Samson avec une mâchoire d'âne ; toutes ces merveilles, dis-je, ne seroient pas crûë à la comédie, parce qu'on qu'on y ajoûte foi dans la Bible : mais on en douteroit bien-tôt dans la Bible, parce qu'on n'en croiroit rien à la comédie.

Si ce que je dis est fondé sur de bonnes & de solides raisons, il faut nous contenter de choses purement naturelles, mais extraordinaires, & choisir en nos héros des actions principales, qui soient reçûës dans nôtre créance comme humaines, & qui nous donnent de l'admiration comme rares & élevées au dessus des autres. En deux mots, il ne nous faut rien que de grand, mais d'humain : dans l'humain, éviter le médiocre ; dans le grand, le fabuleux.

Je ne veux pas comparer la pharsale à l'énéide ; je connois la juste différence de leur valeur : mais à l'égard de l'élevation, Pompée, César, Caton, Curion, Labienus ont plus fait pour Lucain, que n'ont fait pour Virgile Jupiter, Mercure, Junon, Venus, & toute la suite des autres déesses & des autres dieux.

Les Idées que nous donne Lucain des grands-hommes, sont véritablement plus belles, & nous touchent plus que celles que nous donne Virgile des immortels. Celui-ci a revêtu ses dieux de nos foiblesses, pour les ajuster à la portée des hommes : celui-là éleve ses héros jusqu'à pouvoir souffrir la comparaison des dieux :

Victrix causa diis placuit, sed victa Catoni.

Dans Virgile, les dieux ne valent pas des héros : dans Lucain, les héros valent des dieux.

Pour vous dire mon véritable sentiment, je croi que la tragédie des anciens auroit fait une perte heureuse, en perdant ses dieux avec ses oracles & ses devins.

C'étoit par ces dieux, ces oracles, ces devins, qu'on voyoit regner au théatre un esprit de superstition & de terreur, capable d'infecter le genre humain de mille erreurs, & de l'affliger encore de plus de maux ; & à considérer les impressions ordinaires que faisoit la tragédie dans Athénes sur l'ame des spectateurs, on peut dire que Platon étoit mieux fondé pour en défendre l'usage, que ne fut Aristote pour le conseiller : car la tragédie consistant, comme elle faisoit, aux mouvemens excessifs de la crainte & de la pitié, n'étoit-ce pas faire du théatre une école de frayeur & de compassion, où l'on apprenoit à s'épouvanter de tous les périls, & à se désoler de tous les malheurs ?

On aura de la peine à me persuader qu'une ame accoûtumée à s'effrayer sur ce qui regarde les maux d'autrui, puisse être dans une bonne assiette sur les maux qui la regardent elle-même. C'est peut-être par-là que les athéniens devinrent si susceptibles des impressions de la peur, & que cet esprit d'épouvante inspiré au théatre avec tant d'art, d'art, ne devint que trop naturel dans les armées.

A Sparte & à Rome, où le public n'exposoit à la vûë des citoyens que des exemples de valeur & de fermeté, le peuple ne fut pas moins fier & hardi dans les combats, que ferme & constant dans les calamités de la république. Depuis qu'on eut formé dans Athènes cet art de craindre & de se lamenter, on mit en usage à la guerre ces malheureux mouvemens, qui avoient été comme appris aux représentations.

Ainsi l'esprit de superstition causa la déroute des armées, & celui de lamentation fit qu'on se contenta de pleurer les grands malheurs, quand il falloit y chercher quelque remede. Mais comment n'eût-on pas appris à se désoler dans cette pitoyable école de commisération ? Ceux qu'on y représentoit étoient des exemples de la derniere misere, & des sujets d'une médiocre vertu.

Telle étoit l'envie de se lamenter, qu'on exposoit bien moins de vertus que de malheurs; de peur qu'une ame élevée à l'admiration des héros, ne fût moins propre à s'abandonner à la pitié pour un miserable : & afin de mieux imprimer les sentimens de crainte & d'affliction aux spectateurs, il y avoit toûjours sur le théatre des chœurs d'enfans, de vierges, de vieillards, qui fournissoient à chaque évenement, ou leurs frayeurs, ou leurs larmes.
Aristote

Aristote connut bien le préjudice que cela pourroit faire aux athéniens ; mais il crut y apporter assez de remede en établissant une certaine purgation que personne jusqu'ici n'a entenduë, & qu'il n'a pas bien comprise lui-même, à mon jugement : car y a-t'il rien de si ridicule que de former une science qui donne surement la maladie, pour en établir une autre qui travaille incertainement à la guérison ? que de mettre la perturbation dans une ame, pour tâcher après de la calmer par les reflexions qu'on lui fait faire sur le honteux état où elle s'est trouvée ?

Entre mille personne qui assisteront au théatre, il y aura peut-être six philosophes, qui seront capables d'un retour à la tranquillité, par ces sages & utiles méditations : mais la multitude ne fera point ces reflexions judicieuses, & on peut presque assurer que par l'habitude de ce qu'on voit au théatre, on s'en formera une de ces malheureux mouvemens.

On ne trouve pas les mêmes inconvéniens dans nos représentations, que dans celles de l'antiquité, puisque nôtre crainte ne va jamais à cette superstitieuse terreur, qui produisoit de si méchans effets pour le courage. Nôtre crainte n'est le plus souvent qu'une agréable inquiétude qui subsiste dans la suspension des esprits ; c'est un cher interêt que prend nôtre ame aux sujets qui attirent son affection.

On

On peut dire à peu près la même chose de la pitié à nôtre égard. Nous la dépoüillons de toute sa foiblesse, & nous lui laissons tout ce qu'elle peut avoir de charitable & d'humain. J'aime à voir plaindre l'infortune d'un grand-homme malheureux : j'aime qu'il s'attire de la compassion, & qu'il se rende quelquefois maître de nos larmes ; mais je veux que ces larmes tendres & genereuses regardent ensemble ses malheurs & ses vertus, & qu'avec le triste sentiment de la pitié, nous ayions celui d'une admiration animée, qui fasse naître en nôtre ame comme un amoureux desir de l'imiter.

Il nous restoit à mêler un peu d'amour dans la nouvelle tragédie, pour nous ôter mieux ces noires idées que nous laissoit l'ancienne par la superstition & par la terreur ; & dans la verité, il n'y a point de passion qui nous excite plus à quelque chose de noble & de genereux qu'un honnête amour. Tel peut s'abandonner lâchement à l'insulte d'un ennemi peu redoutable, qui défendra ce qu'il aime jusqu'à la mort contre les attaques du plus vaillant. Les animaux les plus foibles & les plus timides, les animaux que la nature a formés pour toûjours craindre & toûjours fuir, vont fierement au devant de ce qu'ils craignent le plus, pour garantir le sujet de leur amour. L'amour a une chaleur qui sert de courage à ceux qui en ont le moins. Mais,

à

à confesser la verité, nos auteurs ont fait un aussi méchant usage de cette belle passion, qu'en ont fait les anciens de leur crainte & de leur pitié : car, à la reserve de huit ou dix pieces, où ses mouvemens ont été ménagés avec beaucoup d'avantage, nous n'en avons point où les amans & l'amour ne se trouvent également défigurés.

Nous mettons une tendresse affectée où nous devons mettre les sentimens les plus nobles. Nous donnons de la molesse à ce qui devroit être le plus touchant ; & quelquefois nous pensons exprimer naïvement les graces du naturel, que nous tombons dans une simplicité honteuse.

Croyant faire les Rois & les Empereurs de parfaits amans, nous en faisons des Princes ridicules ; & à force de plaintes & de soupirs, où il n'y auroit ni à plaindre, ni à soupirer, nous les rendons imbécilles comme amans & comme Princes. Bien souvent nos plus grands héros aiment en bergers sur nos théatres, & l'innocence d'une espece d'amour champêtre leur tient lieu de toute gloire & de toute vertu.

Si une comédienne a l'art de se plaindre & de pleurer d'une maniere touchante, nous lui donnons des larmes aux endroits qui demandent de la gravité ; & parce qu'elle plaît mieux quand elle est sensible, elle aura par tout indifferemment de la douleur.

Nous

Nous voulons un amour quelquefois naïf, quelquefois tendre, quelquefois douloureux, sans prendre garde à ce qui desire de la naïveté, de la tendresse, de la douleur; & cela vient de ce que voulant par tout de l'amour, nous cherchons de la diversité dans les manieres, n'en mettant presque jamais dans les passions.

J'espere que nous trouverons un jour le veritable usage de cette passion, devenuë trop ordinaire. Ce qui doit être l'adoucissement des choses, ou trop barbares, ou trop funestes; ce qui doit toucher noblement les ames, animer les courages, & élever les esprits, ne sera pas toûjours le sujet d'une petite tendresse affectée, ou d'une imbécille simplicité. Alors nous n'aurons que faire de porter envie aux anciens: sans un amour trop grand pour l'antiquité, ou un trop grand dégoût pour nôtre siécle, on ne fera point des tragédies de Sophocle & d'Euripide, les modelles des pieces de nôtre tems.

Je ne dis point que ces tragédies n'ayent eu ce qu'elles devoient avoir pour plaire au goût des athéniens: mais qui pourroit traduire en françois, dans toute sa force l'Oedipe même, ce chef-d'œuvre des anciens, j'ose assurer que rien au monde ne nous paroîtroit plus barbare, plus funeste, plus opposé aux vrais sentimens qu'on doit avoir.

Nôtre siécle a du moins cet avantage, qu'il

est permis de haïr librement les vices, & d'avoir de l'amour pour les vertus. Comme les dieux causoient les plus grands crimes sur le théatre des anciens, les crimes captivoient le respect des spectateurs, & on n'osoit pas trouver mauvais ce qui étoit abominable. Quand Agamemnon sacrifia sa propre fille, & une fille tendrement aimée, pour appaiser la colere des dieux, ce sacrifice barbare fut regardé comme une pieuse obéïssance, comme le dernier effet d'une religieuse soumission.

Que si l'on conservoit en ce tems-là les vrais sentimens de l'humanité, il falloit murmurer contre la cruauté des dieux en impie ; & si l'on vouloit être dévot envers les dieux, il falloit être cruel & barbare envers les hommes ; il falloit faire, comme Agamemnon, la derniere violence à la nature & à son amour :

Tantum relligio potuit suadere malorum.

dit Lucrece sur ce sacrifice barbare.

Aujourd'hui nous voyons représenter les hommes sur le théatre sans l'intervention des dieux, plus utilement cent fois pour le public & pour les particuliers ; car il n'y aura dans nos tragédies ni de scelerat qui ne se déteste, ni de héros qui ne se fasse admirer. Il y aura peu de crimes impunis, peu de vertus qui ne soient recompensées. Avec les bons exemples que nous donnons au public sur le théatre, avec ces agréables sentimens d'amour & d'admiration, discretement ajoûtés à une crainte & à une pitié rectifiées, on arrivera chez nous à la perfection que desire Horace :

Omne tulit punctum qui miscuit utile dulci :

ce qui ne pouvoit jamais être selon les regles de l'ancienne tragédie.

Je finirai par un sentiment hardi & nouveau. C'est qu'on doit rechercher à la tragédie, devant toutes choses, une grandeur d'ame bien exprimée, qui excite en nous une tendre admiration. Il y a dans cette sorte d'admiration quelque ravissement pour l'esprit, le courage y est élevé, l'ame y est touchée.

SUR LES CARACTERES XI.
DES TRAGEDIES.

J'Ai eu dessein autrefois de faire une tragédie, & ce qui me faisoit le plus de peine, c'étoit de me défendre d'un sentiment secret d'amour propre, qui nous laisse renoncer difficilement à nos qualités, pour prendre celles des autres. Il me souvient que je formois mon caractere sans y penser, & que le héros descendoit insensiblement au peu de mérite de Saint-Evremond, au lieu que Saint-Evremond devoit s'élever aux grandes vertus de son héros. Il étoit de mes passions comme de mon caractere ; j'exprimois mes mouvemens, voulant exprimer les siens. Si j'étois amoureux, je tournois toutes choses sur l'amour. Si je me trouvois pitoyable, je ne manquois pas de fournir des infortunes à ma pitié. Je faisois dire ce que je sentois moi-même ; & pour comprendre tout en peu de mots, je me représentois sous le nom d'autrui. N'accusons pas quelques héros de nos tragédies de verser des pleurs, qui devoient couler seulement en quelques endroits ; ce sont les larmes des poëtes, qui trop sensibles de leurs naturel, ne peuvent resister à la tendresse qu'ils se sont formée. S'ils ne faisoient qu'entrer dans le sentiment des héros, leur ame prêtée seulement à la douleur, pourroit garder quelque mesure dans la passion : mais pour s'en faire une propre à eux-mêmes, ils expriment avec verité ce qu'ils devoient représenter dans la vrai-semblance. C'est un grand secret de savoir nous exprimer avec justesse en ce qui regarde les pensées, & beaucoup plus en ce qui touche le sentiment : car l'ame a bien plus de peine à se défaire de ce qu'elle sent, que l'esprit à se dégager de ce qu'il pense.

Veritablement la passion doit être remplie, mais jamais outrée ; & si les spectateurs étoient réduits à choisir entre deux vices, ils souffriroient le défaut plus aisément que l'excès. Celui qui ne pousse pas assez les mouvemens, ne contente pas ; c'est ne pas donner sujet de le loüer. Celui qui les outre, blesse l'esprit ; c'est donner sujet de se plaindre. Le premier laisse à nôtre imagination le plaisir d'ajoûter d'elle-même ce qu'il n'a sû fournir : le second nous donne la peine de retrancher, toûjours difficile & ennuyeuse. Quand le cœur particuliérement s'est senti touché autant qu'il doit l'être, il cherche à se soulager. Revenus de ces mouvemens aux lumieres de l'esprit, nous jugeons peu favorablement de la tendresse & des larmes. Celles du plus malheureux doivent être ménagées avec grande discrétion ; car le spectateur le plus tendre à bien-tôt seché les siennes : *citò arescit lacryma in alienâ miseriâ* (1).

En effet, si on s'afflige trop long-tems sur le théatre, ou nous nous mocquons de la foiblesse de celui qui pleure, ou la longue pitié d'un long tourment, qui fait passer les maux d'autrui en nous-mêmes, blesse la nature, qui a dû être seulement touchée. Toutes les fois que je me trouve à des pieces fort touchantes, les larmes des acteurs attirent les miennes avec une douceur secrete que je sens à m'attendrir : mais si l'affliction continuë, mon ame s'en trouve incommodée, & attend avec impatience quelque changement qui la délivre d'une impression douloureuse. J'ai vu arriver souvent en de longs discours de tendresse, que l'auteur donne à la fin toute autre idée que celle de l'amant qu'il a dessein de représenter. Cet amant devient quelquefois un philosophe, qui raisonne dans la passion, ou qui nous explique par une espece de leçon de quelle maniere elle s'est formée. Quelquefois l'esprit du spectateur, qui pous-
soit

(1) Nihil est tam miserabile, quàm ex beato miser. Et hoc totum quidem moveat, si bona ex fortuna quis cadat ; & à quorum caritate divellatur ; quæ amittat, aut amiserit ; in quibus malis sit, futurusve sit exprimatur breviter. CITO ENIM ARESCIT LACRYMA, PRÆSERTIM IN ALIENIS MALIS. Cic. *Part. Orat.* §. 17.

soit d'abord son imagination jusqu'à la personne qu'on représente, revient à soi-même, desabusé qu'il est, & ne connoît plus que le poëte, qui dans une espece d'élegie nous veut faire pleurer de la douleur qu'il a feinte, ou qu'il s'est formée.

Un homme se mécompte auprès de moi en ces occasions : il tombe dans le ridicule, quand il prétend me donner de la pitié. Je trouve plus ridicule encore qu'on fasse l'éloquent à se plaindre de ses malheurs. Celui qui prend la peine d'en discourir, m'épargne celle de l'en consoler : c'est la nature qui souffre ; c'est à elle de se plaindre : elle cherche quelquefois à dire ce qu'elle sent, pour se soulager, non pas à le dire éloquemment, pour se complaire.

Je suis aussi peu persuadé de la violence d'une passion, qui est ingénieuse à s'exprimer par la diversité des pensées. Une ame touchée sensiblement, ne laisse pas à l'esprit la liberté de penser beaucoup, & moins encore de se divertir dans la varieté de ses conceptions. C'est en quoi je ne puis souffrir la belle imagination d'Ovide : il est ingénieux dans la douleur : il se met en peine de faire voir de l'esprit quand vous n'attendez que du sentiment. Virgile touche d'une impression toute juste, où il n'y a rien de languissant ; rien de trop poussé. Comme il ne vous laisse rien à desirer, il n'a aussi rien qui vous blesse ; & c'est-là que vôtre ame

ame se rend avec plaisir à une proportion si aimable.

Je m'étonne que dans un tems où l'on tourne toutes les pieces de théatre sur l'amour, on en ignore assez & la nature & les mouvemens. Quoi que l'amour agisse diversement selon la diversité des complexions, on peut rapporter à trois mouvemens principaux tout ce que nous fait sentir une passion si generale ; aimer ; brûler ; languir.

Aimer simplement, est le premier état de nôtre ame, lors qu'elle s'émeut par l'impression de quelque objet agréable. Là il se forme un sentiment secret de complaisance en celui qui aime, & cette complaisance devient ensuite un attachement à la personne qui est aimée. Brûler, est un état violent, sujet aux inquiétudes, aux peines, aux tourmens ; quelquefois aux troubles, aux transports, au desespoir ; en un mot, à tout ce qui nous inquiete ou qui nous agite. Languir, est le plus beau des mouvemens de l'amour. C'est l'effet délicat d'une flame pure, qui nous consume doucement : c'est une maladie chere & tendre, qui nous fait haïr la pensée de nôtre guérison. On l'entretient secretement au fond de son cœur ; & si elle vient à se découvrir, les yeux, le silence, un soupir qui nous échappe, une larme qui coule malgré nous, l'expriment mieux que ne pourroit faire toute l'éloquence du discours. Pour ces longues conversations
de

de tendresse, ces soupirs poussés incessamment, ces pleurs à tout moment répandus, ils pourront se rapporter à quelque autre cause. Si l'on m'en veut croire, ils tiendront moins de l'amour que de la sottise de celui qui aime. La passion m'est trop précieuse, pour la couvrir d'une honte étrangere, où elle n'a aucune part. Peu de larmes suffisent aux amans pour exprimer leur amour : quand ils en ont trop, ils expliquent moins leur passion que leur foiblesse. J'ose dire qu'une dame qui aura pitié de son amant, sur les discretes & respectueuses expressions du mal qu'elle cause, se moquera de lui comme d'un miserable pleureur, s'il gémit éternellement auprès d'elle.

J'ai observé que Cervantes (1) estime toûjours dans ses chevaliers le mérite vrai-semblable : mais il ne manque jamais à se moquer de leurs combats fabuleux, & de leurs penitences ridicules. Par cette derniere considération, il fait préferer Don Galaor au bon Amadis de Gaule, *porque tenia muy accommodada condition para todo ; que no era cavallero melindroso, ni tan lloron como su Hermaño.*

Un grand défaut des auteurs dans les tragédies, c'est d'employer une passion pour une autre ; de mettre de la douleur où il ne faut

---

(1) *Michel Cervantes, auteur de l'histoire de* l'admirable Don Quichote *de la Manche.*

que de la tendresse ; de mettre au contraire du désespoir où il ne faut que de la douleur. Dans les tragédies de Quinaut, vous desireriez souvent de la douleur où vous ne voyez que de la tendresse. Dans le Titus de Racine, vous voyez du désespoir où il ne faudroit qu'à peine de la douleur. L'histoire nous apprend que Titus, plein d'égards & de circonspections, renvoya Berenice en Judée, pour ne pas donner le moindre scandale au peuple romain ; & le poëte en fait un désesperé, qui veut se tuer, plûtôt que de consentir à cette séparation.

Corneille n'a pas eu des sentimens plus justes sur le sujet de son Titus (1). Il nous le représente prêt à quitter Rome, & à laisser le gouvernement de l'Empire, pour aller faire l'amour en Judée. Certes il va contre la verité & la vrai-semblance, ruïnant le naturel de Titus, & le caractére de l'Empereur, pour donner tout à une passion éteinte : c'est vouloir que ce Prince s'abandonne à Berenice comme un fou, lors qu'il s'en défait comme un homme sage, ou dégoûté.

J'avouë qu'il y a de certains sujets où la bienséance & la raison même favorisent les sentimens de la passion ; & alors la passion le doit emporter sur le caractére. Horace veut qu'on

_____
(1) *Dans sa comédie héroïque, intitulée Tite & Berenice.*

qu'on représente Achille agissant, colere, inexorable, croyant que les loix n'ont pas été faites pour lui, & ne connoissant que la force pour tout droit en ses entreprises (1) : mais c'est dans son naturel ordinaire qu'on le doit dépeindre ainsi. C'est le caractére qu'Homere lui donne, lors qu'il dispute sa captive à Agamemnon. Cependant ni Homere, ni Horace n'ont pas voulu éteindre l'humanité dans Achille ; & Euripide a eu tort de lui donner si peu d'amour pour Iphigenie sur le point qu'elle devoit être sacrifiée (2). Le sacrificateur êtoit touché de compassion, & l'amant paroît comme insensible : s'il a de la colere, il la trouve dans son naturel : son cœur ne lui fournit rien pour Iphigenie. On m'avoüera que l'humanité demandoit de la pitié ; que la nature, que la bienséance même exigeoient de la tendresse ; & tous les gens de bon goût blâmeront le poëte d'avoir trop consideré le caractére, lors qu'il falloit avoir de grands égards pour la passion. Mais quand une passion est connuë generalement de tout le monde, c'est-là qu'il faut donner le moins qu'on peut au caractére.

En

(1) *Aut famam sequere, aut sibi convenientia finge.*
Scriptor. *Honoratum si fortè reponis Achillem ; Impiger, iracundus, inexorabilis, acer, Jura neget sibi data, nihil non arroget armis.*
Horat. *de art. poët.*

(2) Pensée de Grotius

En effet, si vous aviez à dépeindre Antoine depuis qu'il fut abandonné à son amour, vous ne le dépeindriez pas avec les belles qualités que la nature lui avoit données. Antoine amoureux de Cléopatre, n'est pas l'Antoine ami de César. D'un homme brave, audacieux, entreprenant, il s'en est fait un foible, mou & paresseux. D'un homme qui n'avoit manqué en rien, ni à son interêt, ni à son parti, il s'en est fait un, qui s'est manqué à lui-même, & qui s'est perdu.

Horace, que j'ai allegué, forme un caractère de la vieillesse, qu'il nous prescrit de garder fort soigneusement. Si nous avons quelque vieillard à représenter, il veut que nous le dépeignions amassant du bien, & s'abstenant de celui qu'il peut avoir amassé; que nous le dépeignions froid, timide, chagrin, peu satisfait du présent, & grand donneur de loüanges à tout ce qu'il a vû dans sa jeunesse (1). Mais si vous avez à représenter un vieillard fort amoureux, vous ne lui donnerez ni froideur, ni crainte, ni paresse, ni chagrin : vous ferez un liberal d'un avare, un

---

(1) *Multa senem circumveniunt incommoda: vel quòd Quærit, & inventis miser abstinet, ac timet uti : Vel quòd res omnes timidè gelidèque ministrat ; Dilator, spe longus, iners, avidusque futuri, Difficilis, querulus, laudator temporis acti Se puero, castigator censorque minorum.* Horat. de art. poët.

complaisant d'un homme fâcheux & difficile. Il trouvera à redire à toutes les beautés qu'il a vûës, & admirera seulement celle qui l'enchante. Il fera toutes choses pour elle, & n'aura plus de volonté que la sienne, pensant regagner par la soumission ce qu'il perd par le dégoût que son âge peut donner;

Et sous un front ridé, qu'on a droit de haïr,
Il croit se faire aimer à force d'obéir (1).

Tel a été, & tel a été dépeint par Corneille le vieil & infortuné Syphax. Avant qu'il fût charmé de sa Sophonisbe, il avoit tenu la balance entre les carthaginois & les romains: devenu amoureux sur ses vieux jours, il perdit ses états, & se perdit lui-même, pour avoir eu trop d'assujettissement aux volontés de sa femme.

Quand j'ai parlé de la passion, ç'a été proprement de l'amour que j'ai entendu parler: les autres passions servent à former le caractére, au lieu de le ruïner. Etre naturellement gai, triste, colére, timide, c'est avoir les humeurs, les qualités, les affections qui composent un caractére : être fort amoureux, c'est avoir pris une passion qui ne ruïne pas seulement les qualités d'un caractére, mais qui assujettit les mouvemens des autres passions. Il est

____
(1) *Corneille dans la Sophonisbe.*

est certain qu'une ame qui aime bien, ne se porte aux autres passions que selon qu'il plaît à son amour. Si elle a de la colere contre un amant, l'amour l'excite & l'appaise : elle pense haïr, & ne fait qu'aimer : l'amour excuse l'ingratitude, & justifie l'infidelité : les tourmens d'une véritable passion sont des plaisirs : on en connoît les peines lors qu'elle est passée, comme après la rêverie d'une fiévre, on sent les douleurs. En aimant bien, l'on n'est jamais miserable : on croit l'avoir été quand on n'aime plus.

Une beauté qui sait toucher les cœurs,
N'a pas en son pouvoir de faire un miserable ;
Auprès d'une personne aimable,
Les appas tiennent lieu d'assez grandes faveurs.

XII. *A un auteur qui me demandoit mon sentiment d'une piéce où l'héroïne ne faisoit que se lamenter.*

LA princesse dont vous faites l'héroïne de vôtre piéce, me plairoit assez, si vous aviez un peu ménagé ses larmes : mais vous la faites pleurer avec excès ; & dès qu'il y aura quelque retour à la justesse du sentiment, le trop de larmes rendra ceux qu'on represente moins touchans, & ceux qui voyent représenter, moins sensibles. Corneille n'a pas plû à la multitude en ces derniers tems, pour avoir été chercher ce qu'il y a de plus caché dans nos cœurs ; ce qu'il y a de plus exquis dans le sentiment, & de plus délicat dans la pensée. Après avoir comme usé les passions ordinaires dont nous sommes agités, il s'est fait un nouveau mérite à toucher des tendresses plus recherchées, de plus fines jalousies, & de plus secretes douleurs : mais cette étude de penetration étoit trop délicate pour les grandes assemblées ; de sorte qu'une découverte si précieuse lui a fait perdre quelque estime dans le monde, quand elle devoit lui donner une nouvelle réputation.

Il est certain que personne n'a mieux entendu la nature que Corneille : mais il l'a expliquée differemment selon ses tems differens. Étant jeune, il en exprimoit les mouvemens : étant vieux, il nous en découvre les ressorts. Autrefois il donnoit tout au sentiment : il donne plus aujourd'hui à la connoissance : il ouvre le cœur avec tout son secret ; il le produisoit avec tout son trouble. Quelques autres ont suivi plus heureusement la disposition des esprits, qui n'aiment aujourd'hui que la douleur & les larmes : mais je crains pour vous quelque retour du bon goût justement sur vôtre piéce, & qu'on ne vienne à désapprouver le trop grand usage d'une passion dont on enchante présentement tout le monde.

J'avoüe qu'il n'y a rien de si touchant que le sentiment douloureux d'une belle personne affligée ; c'est un nouveau charme qui unit toutes nos tendresses par les impressions de l'amour & de la pitié mêlées ensemble : mais si la belle affligée continuë à se désoler trop long-tems, ce qui nous touchoit, nous attriste : lassés de la consoler, quand elle aime encore à se plaindre, nous la remettons comme une importune entre les mains des vieilles & des parens, qui gouvernent dans toutes les formes de la condoléance une si ennuyeuse désolation.

Un auteur bien entendu dans les passions, n'épuisera jamais la douleur d'une affligée : cet épuisement est suivi d'une indolence, qui apporte aux spectateurs une langueur infaillilible Les premieres larmes sont naturelles à la passion qu'on exprime ; elles ont leur source dans le cœur, & portent la douleur d'un cœur affligé dans un cœur tendre : les dernieres sont purement de l'esprit du poëte. L'art les a formées, & la nature ne veut pas les reconnoître. L'affliction doit avoir quelque chose de touchant, & la fin de l'affliction quelque chose d'animé, qui puisse faire sur nous une impression nouvelle. Il faut que l'affliction se termine par une bonne fortune, qui finit les malheurs avec la joye, ou par une grande vertu, qui attire nôtre admiration. Quelquefois elle s'acheve par la mort ; & il en naît en nos ames une commiseration propre & naturelle à la tragédie : mais ce ne doit jamais être après de longues lamentations, qui donnent plus de mépris pour la foiblesse, que de compassion pour le malheur.

Je n'aime pas au théatre une mort qui se pleure plus par la personne qui se meurt, que par ceux qui la voyent mourir. J'aime les grandes douleurs avec peu de plaintes, & un sentiment profond : j'aime un désespoir qui ne s'exhale pas en paroles, mais où la nature accablée succombe sous la violence de la passion. Les longs discours expliquent plus nôtre regret à la vie, que nôtre résolution à la mort : parler beaucoup dans ces occasions, c'est languir dans le désespoir, & perdre tout le mérite de sa douleur :

O Silvia, tu se' morta,

& s'évanouïr comme Aminte (1) :

Non je ne pleure pas, Madame, mais je meurs (2) ;

& mourir comme Euridice.

Il est certain que nos maux se soulagent en pleurant, & la plus grande peine du monde un peu adoucie, ranime le desir de vivre à mesure qu'elle soulage le sentiment. Il en est de nôtre raisonnement comme de nos larmes : pour peu que nous raisonnions dans l'infortune, la raison nous porte à l'endurer plûtôt qu'à mourir. Faisons guérir au théatre ceux que nous faisons beaucoup pleurer & beaucoup se plaindre : donnons plus de maux que de larmes & de discours, à ceux que nous avons dessein d'y faire mourir.

LET-

---

(1) *Aminte du Tasse, Act. II. Sc. II.*

(2) *Surena, tragédie de Corneille, Act. V. Sc. V.*

XIII. LETTRE

A Mr. LE COMTE

DE LIONNE.

QUELQUE fâcheuses que soient mes disgraces, je trouve de la douceur quand je voi un aussi honnête-homme que vous, assez tendre pour les plaindre, & assez genereux pour chercher le moyen de les finir. Je suis infiniment obligé aux bontés de Madame***, & à la chaleur de vos bons offices: mais je serai bien aise à l'avenir que personne n'excite Monsieur le comte de Lauzun à me servir. Je suis sur qu'il fera de lui-même tout ce qu'il pourra faire sur mon sujet sans se nuire ; & je serois fort fâché de lui attirer le moindre désagrément. Il ne doit rien dire à son maître que d'agréable, & n'en rien entendre qui ne lui laisse de la satisfaction. Un maître qui refuse une fois, se fait aisément une habitude de ne pas accorder les autres choses qui lui sont demandées. J'ai ouï dire à un grand courtisan, qu'il falloit éviter autant qu'on pouvoit le premier rebut : je serois au désespoir de l'avoir

attiré

attiré à une personne que j'honore autant que Monsieur le comte de Lauzun.

Ce n'est pas que je n'aye presque une necessité d'aller en France pour deux mois, à moins que de me résoudre à perdre le peu que j'y ai, & tout ce qui me fait vivre dans les pays étrangers. Je croi qu'il m'y est dû encore quarante mille livres, dont je ne puis rien tirer : cependant je crains plus que la necessité, le secours de la nature, qui pourroit finir tous les maux que me fait la fortune. J'ai des diablesses de vapeurs qui me tourmentent, mais elles ne sont pas si-tôt passées, que je suis plus gai que jamais. Dans une heure, tout ce qu'il y a de funeste, & tout ce qu'il y a d'agréable se présente à mon imagination ; & je sens ainsi bien plus vivement en moi les effets de l'humeur, que le pouvoir de la raison. Je tomberois aisément dans la morale ; c'est le penchant de tous les malheureux, dont l'imagination est presque toûjours triste, ou les pensées du moins sérieuses : comme je crains le ridicule de la gravité, je m'arrête tout court, pour vous dire seulement, Monsieur, que personne au monde n'est à vous plus absolument, &c.

Je vous suplie dans l'occasion d'assurer Madame De*** de ma reconnoissance très-humble pour toutes ses bontés.

Depuis que je n'ai eu l'honneur de vous écrire, j'ai passé mes heures ennuyeuses sur des bagatelles. J'ai fait quelques observations sur nos historiens, sur la tragédie, & sur la comédie Espagnole, Françoise, Italienne, Angloise, sur l'opera, &c. mais c'étoient seulement des observations particulieres, sans beaucoup de dessein & de régularité. Tout cela étoit fondé sur les différens génies des nations : j'en ai perdu une partie, & l'autre est encore confuse : je vous les envoyerai toutes. Vous m'obligerez infiniment de m'envoyer ce qu'il y a de nouveau, s'il est fort rare.

DISCOURS XIV.
SUR LES HISTORIENS FRANÇOIS.

IL faut avoüer que nos historiens n'ont eu qu'un mérite bien médiocre. Sans l'envie naturelle qu'ont les hommes de savoir ce qui s'est passé dans leur pays, je ne sai comment une personne qui a le bon goût des histoires anciennes, pourroit se résoudre à souffrir l'ennui que donnent les nôtres. Et certes il est assez étrange que dans une monarchie où il y a eu tant de guerres mémorables, & tant de changemens signalés dans les affaires ; que parmi des gens qui ont la vertu de faire les grandes choses, & la vanité de les dire, il n'y ait pas un historien qui réponde ni à la dignité de la matiere, ni à nôtre propre inclination.

J'ai cru autrefois qu'on devoit attribuer ce défaut-là à nôtre langue, mais quand j'ai consideré depuis, que la beauté du François dans la traduction, égaloit presque celle du grec & du latin dans l'original, il m'est venu dans la pensée malgré moi, que la médiocrité de nôtre génie se trouve au dessous de la majesté

jesté de l'histoire. D'ailleurs, quand il y auroit parmi nous quelques génies assez élevés, il y a trop de choses nécessaires à la composition d'une belle histoire, pour les pouvoir rencontrer dans une même personne. On trouveroit peut-être un stile assez pur & assez noble en quelques-uns de nos auteurs, qui pour mener une vie éloignée de la cour & des affaires, les traiteroient avec des maximes generales & des lieux communs, qui sentent plus la politique de l'antiquité que la nôtre. Nos habiles gens d'affaires ont une grande connoissance de nos interêts; mais ils ont le désavantage de s'être formés à un certain stile de dépêches aussi propre pour les négociations, que peu convenable à la dignité de l'histoire. Ce leur est une chose ordinaire encore de parler fort mal de la guerre, à moins que la fortune ne les y ait jettés autrefois; ou qu'ils n'ayent vécu dans la confiance & la familiarité des grands hommes qui la conduisent. C'a été un défaut considerable en Grotius, qui après avoir pénétré les causes de la guerre les plus cachées, l'esprit du gouvernement des espagnols, la disposition des peuples de Flandre; qui après être entré dans le vrai génie des nations; après avoir formé le juste caractére des societés, & celui des personnes principales; si bien expliqué les differens états de la religion, remonté à des sources inconnuës au cardinal Bentivoglio & à

Strada,

Strada, n'a pû maintenir dans les esprits l'admiration qu'il y avoit causée, aussi-tôt qu'il a fallu ouvrir le champ de la guerre ; quand il a fallu parler du mouvement des armées ; venir à la description des siéges, & au recit des combats.

Nous avons des gens de qualité d'un mérite extraordinaire, qui pour avoir passé par de grands emplois avec un bon sens naturel & des connoissances acquises, sont également capables de bien agir & de bien parler ; mais ordinairement le génie leur manque, ou ils n'ont pas l'art de bien écrire ; outre que rapportant toutes choses à leur cour & à la fonction de leurs charges, ils cherchent peu à s'instruire des formes du gouvernement & des ordres du Royaume. Ils croiroient se faire tort, & prendre l'esprit des gens de robe contre la dignité de leur profession, s'ils s'appliquoient à la connoissance de nos principales loix. Et sans avoir ces lumieres-là, j'oserois assurer qu'il est comme impossible de faire une bonne histoire, remplie comme elle doit être, de saines & de judicieuses instructions.

Bacon se plaignoit souvent que les historiens prennent plaisir à s'étendre sur les choses étrangeres, & qu'ils semblent éviter comme une langueur, le discours des reglemens qui font la tranquillité publique : que se laissant aller avec joye au recit des maux qu'apporte la guerre,

guerre, ils ne touchent qu'avec dégoût les bonnes loix qui établissent le bonheur de la société civile. Ses plaintes me paroissent d'autant mieux fondées, qu'il n'y a pas une histoire chez les romains, où l'on ne puisse connoître le dedans de la république par ses loix, comme le dehors par ses conquêtes. Vous voyez dans Tite-Live tantôt l'abolition des vieilles loix, & tantôt l'établissement des nouvelles : vous y voyez tout ce qui dépend de la religion, & ce qui regarde les cérémonies. La conjuration de Catilina dans Saluste, est toute pleine des constitutions de la république, & la harangue de César, si délicate & si détournée, ne roule-t-elle pas toute sur la loi Portia ; sur les justes considérations qu'eurent leurs peres pour quitter l'ancienne rigueur dans la punition des citoyens ; sur les dangereuses conséquences qui s'ensuivroient si une ordonnance si sage étoit violée ?

Le même César en ses Commentaires, ne perd jamais l'occasion de parler des mœurs, des coûtumes & de la religion des gaulois. Tacite n'est peut-être que trop rempli d'accusations, de défenses, de loix & de jugemens. Quinte-Curce, dans une histoire composée pour plaire plus que pour instruire, met à la bouche d'Alexandre les loix des macédoniens, pour répondre aux reproches d'Hermolaus, qui avoit conspiré contre sa vie. Cet Alexandre, qui semble n'avoir connu d'autres loix que ses volontés dans la conquête du monde ; cet Alexandre, ne dédaigne pas de s'appuyer de l'autorité des loix, pour avoir fait donner le foüet à un jeune garçon, lorsqu'il est le maître de l'univers.

Comme il n'y a point de peuple qui n'ait à se garantir des violences étrangeres, quand il est foible, ou à rendre sa condition plus glorieuse par des conquêtes, quand il est puissant ; comme il n'y en a point qui ne doive assurer son repos par la constitution d'un bon gouvernement, & la tranquillité de sa conscience par les sentimens de sa religion, aussi n'y a-t'il point d'historien qui ne doive être instruit de tous ces differens interêts, quand il en entreprend l'histoire ; qui ne doive faire connoître ce qui rend les hommes malheureux, afin que l'on l'évite, ou ce qui fait leur bonheur, afin qu'on se le procure. On ne sauroit bien faire l'histoire de France, quelques guerres qu'ont ait à décrire, sans faire connoître les ordres du royaume, la diversité de religion, & les libertés de l'Eglise Gallicane.

Il seroit ridicule de vouloir écrire celle d'Angleterre, sans savoir les affaires du parlement, & être bien instruit des differentes religions de ce royaume. Il ne le seroit pas moins d'entreprendre celle d'Espagne, sans savoir exactement les diverses formes de ses conseils, & le mystére de son inquisition, aussi-bien que le secret de ses interêts étrangers, les motifs & les succès de ses guerres.

Mais à la verité, ces diversités de loix, de religion, de politique, de guerre, doivent être mêlées ingénieusement, & ménagées avec une grande discrétion : car un homme qui affecteroit de parler souvent de la constitution & des loix de quelque état, sentiroit plûtôt le legislateur ou le jurisconsulte, que l'historien. Ce seroit faire des leçons de théologie, que de traiter chaque point de religion avec une curiosité recherchée : on auroit de la peine à le souffrir dans l'histoire de Fra-Paolo, quelque belle qu'elle puisse être, si on ne pardonnoit l'ennui de ses controverses entre les docteurs, à la necessité de son sujet.

Quoi que la description des guerres semble tenir le premier lieu dans l'histoire, c'est le rendre une espece de conteur fort importun, que d'entasser évenemens sur évenemens, sans aucune diversité de matieres ; c'est trouver le moyen dans les verités, d'imiter la maniere des vieux faiseurs de romans dans leurs faux combats, & leurs avantures fabuleuses.

Les historiens latins ont su mêler admirablement les diverses connoissances dont j'ai parlé : aussi l'histoire des romains devoit-elle avoir du rapport avec leur vie, qui étoit partagée aux fonctions differentes de plusieurs
professions.

professions. En effet, il n'y a gueres eû de grands personnages à Rome, qui n'ayent passé par les dignités du sacerdoce ; qui n'ayent été du Senat ; & tirés du Senat pour commander les armées. Aujourd'hui chaque profession fait un attachement particulier. La plus grande vertu des gens d'Eglise, est de se donner tout entiers aux choses ecclesiastiques ; & ceux que leur ambition a poussés au maniement des affaires, ont essuyé mille reproches d'avoir corrompu la sainteté de vie où ils s'étoient destinés. Les gens de robe sont traités de ridicules aussi-tôt qu'ils veulent sortir de leur profession ; & un homme de guerre ordinairement a de la honte de savoir quelque chose au delà de son métier.

Il est certain néanmoins que les diverses applications des anciens formoient une capacité bien plus étenduë, les mêmes personnes apprenant à bien employer les forces de la république, & à contenir les peuples par la révérence de la religion & par l'autorité des loix. C'étoit un grand avantage aux magistrats d'être maîtres des plus fortes impressions qui se fassent sur les esprits, & de saisir tous les sentimens par où ils sont disposés à la docilité, ou contraints à l'obéïssance. Ce n'en étoit pas un moindre aux generaux d'avoir appris dans les secrets de leur religion à pouvoir inspirer leurs propres mouvemens, & à les faire recevoir avec le même respect que s'ils avoient été inspirés véritablement par les dieux ; d'avoir l'art de tourner toutes choses en présages de bonheur ou d'infortune, & de savoir à propos remplir les soldats de confiance, ou de crainte. Mais il en revenoit encore une autre utilité à la république ; c'est que les magistrats se faisoient connoître pleinement eux-mêmes : car il étoit impossible que dans ces fonctions differentes, le naturel le plus profond pût également se cacher par tout, & que les bonnes & les mauvaises qualités ne fussent à la fin discernées. On découvroit en ces génies bornés, que la nature a restraints à certains talens, qu'une humeur douce & paisible, qui s'étoit accommodée au ministere de la religion, n'avoit pas quelquefois assez de constance pour maintenir les loix en vigueur.

On voyoit quelquefois un senateur incorruptible dans les jugemens, qui n'avoit ni l'activité, ni la vigilance d'un bon capitaine. Tel étoit un grand homme de guerre, comme Marius, qui se trouvoit sans capacité en ce qui regardoit la religion & les affaires. A la verité, il se formoit souvent une suffisance generale, & une vertu pleine par tout, qui pouvoit rendre les citoyens utiles au public en toutes choses : mais souvent aussi une capacité moins étenduë faisoit employer les hommes à certains usages où ils étoient seulement propres.

C'est

C'est ce qu'on a vû dans le consulat de Ciceron & d'Antonius, où ce premier eut ordre de veiller au salut de la république selon son talent, & le second fut envoyé assembler des troupes avec Petreius, pour combattre celles de Catilina.

Si on fait reflexion sur ce que j'ai dit, on ne s'étonnera point de trouver d'excellens historiens chez un peuple, où ceux qui écrivoient l'histoire étoient des personnes considerables, ausquelles il ne manquoit ni génie, ni art pour bien écrire; qui avoient une connoissance profonde des affaires de la religion, de la guerre, des hommes. A dire vrai, les anciens avoient un grand avantage sur nous à connoître les génies par ces differentes épreuves où l'on êtoit obligé de passer dans l'administration de la république: mais ils n'ont pas eu moins de soin pour les bien dépeindre; & qui examinera leurs éloges avec un peu de curiosité & d'intelligence, y découvrira une étude particuliere, & un art infiniment recherché.

En effet, vous leur voyez assembler des qualités comme opposées, qu'on ne s'imagineroit pas se pouvoir trouver dans une même personne: *animus audax: subdolus:* vous leur voyez trouver de la diversité dans certaines qualités qui paroissent tout-à-fait les mêmes, & qu'on ne sauroit démêler sans une grande délicatesse de discernement:
sub-

subdolus, varius: cujuslibet rei simulator, ac dissimulator.

Il y a une autre diversité dans les éloges des anciens plus délicate, qui nous est encore moins connuë. C'est une certaine différence dont chaque vice ou chaque vertu est marquée par l'impression particuliere qu'elle prend par les esprits où elle se trouve. Par exemple, le courage d'Alcibiade a quelque chose de singulier, qui le distingue de celui d'Epaminondas, quoi que l'un & l'autre ayent su exposer leur vie également ; la probité de Caton est autre que celle de Catulus : l'audace de Catilina n'est pas la même que celle d'Antoine : l'ambition de Sylla, & celle de César n'ont pas une parfaite ressemblance ; & de là vient que les anciens, en formant le caractére de leurs grands-hommes, forment, pour ainsi dire, en même tems le caractére des qualités qu'ils leur donnent, afin qu'ils ne paroissent pas seulement ambitieux & hardis, ou moderés & prudens, mais qu'on sache plus particulierement quelle étoit l'espece d'ambition & de courage, ou de moderation & de prudence qu'ils ont euë.

Saluste nous dépeint Catilina comme un homme de méchant naturel, & la méchanceté de ce naturel est aussi-tôt exprimée : *sed ingenio malo pravoque.* L'espece de son ambition est distinguée par le déreglement des mœurs, & le déreglement est marqué à l'égard du caractére de son esprit par des imaginations trop vastes & trop élevées : *vastus animus immoderata, incredibilia, nimis alta semper cupiebat.* Il avoit l'esprit assez méchant pour entreprendre toutes choses contre les loix, & trop vaste pour se fixer à des desseins proportionnés aux moyens de les faire réüssir.

L'esprit hardi d'une femme voluptueuse & impudique, telle qu'étoit Sempronia, eût pû faire croire que son audace alloit à tout entreprendre en faveur de ses amours : mais comme cette sorte de hardiesse est peu propre pour les dangers où l'on s'expose dans une conjuration, Saluste explique d'abord ce qu'elle est capable de faire, par ce qu'elle a fait auparavant : *quæ multa sæpe virilis audaciæ facinora commiserat.* Voila l'espece de son audace exprimée. Il la fait chanter & danser, non avec les façons, les gestes, & les mouvemens qu'avoient à Rome les chanteuses & les baladines, mais avec plus d'art & de curiosité qu'il n'étoit bienséant à une honnête-femme : *psallere & saltare elegantiùs quàm necesse sit probæ.* Quand il lui attribuë un esprit assez estimable, il dit en même tems en quoi consistoit le mérite de cet esprit : *cæterùm ingenium ejus haud absurdum, versus facere, jocos movere, sermone uti vel modesto, vel molli, vel procaci.*

Vous connoîtrez dans l'éloge de Sylla, que son naturel s'accommodoit heureusement à ses desseins. La république alors étant divisée en deux factions, ceux qui aspiroient à la puissance, n'avoient point de plus grand interêt que de s'acquerir des amis, & Sylla n'avoit point de plus grand plaisir que de s'en faire. La liberalité est le meilleur moyen pour gagner les affections : Sylla savoit donner toutes choses. Parmi les choses qu'on donne, il n'y a rien qui assujettisse plus les hommes, & assure tant leurs services, que l'argent qu'ils reçoivent de nous. C'est en quoi la liberalité de Sylla étoit particulierement exercée : *rerum omnium, pecuniæ maximè largitor.* Il étoit liberal de son naturel, liberal de son argent par interêt. Son loisir étoit voluptueux ; mais ce n'eût pas été donner une idée de ce grand-homme, que de le dépeindre avec de la sensualité ou de la paresse : ce qui oblige Saluste de marquer le caractére d'une volupté d'honnête-homme, soumise à la gloire, & par qui les affaires ne sont jamais retardées ; de peur qu'on ne vînt à soupçonner Sylla d'une molesse où languissent d'ordinaire les effeminés : *Voluptatum cupidus, gloriæ cupidior, otio luxurioso esse, tamen à negotiis nunquam voluptas remorata.* Il étoit le plus heureux homme du monde avant la guerre civile ; mais ce bonheur n'étoit pas un pur effet du hazard, & sa fortune, quelque grande qu'elle fût toûjours, ne se trouva jamais au dessus de son industrie : *atque illi felicissimo om-*

nium hominum ante civilem victoriam, nunquam super industriam fortuna fuit.

Quand Tacite fait la peinture de Pétrone, il marque les qualités qu'il lui donne avec ces sortes de distinctions ; il lui fait dépenser son bien, non pas en dissipateur dans la débauche, mais en homme délicat, dans un luxe poli & curieux. Le mépris de la mort qu'il lui attribuë, n'a rien de commun avec celui qu'en ont eu les autres romains : ce n'est point la gravité constante de Thraseas, faisant des leçons à celui qui lui apportoit l'ordre de mourir : ce n'est point la constance forcée de Séneque, qui a besoin de s'animer par le souvenir de ses préceptes & de ses discours : ce n'est point la fermeté dont Helvidius se pique : ce n'est point une résolution formée sur les sentimens des philosophes ; c'est une indifference molle & nonchalante, qui ne laissoit aucun accès dans son ame aux funestes pensées de la mort ; c'est une continuation du train ordinaire de sa vie, jusqu'au dernier moment.

Mais si les anciens ont eu tant de délicatesse à marquer ces differences, il n'y a pas moins d'art dans le stile de leurs éloges pour attacher nôtre discernement à les connoître. Dans leurs narrations, ils nous engagent à les suivre par la liaison insensible d'un récit agréable & naturel. Ils entraînent nôtre esprit dans leurs harangues par la vehemence du discours, de peur que s'il demeuroit dans son

Tom. III. L assiette,

assiette, il n'examinât le peu de bon sens qu'il y a dans les exagérations de l'éloquence, & n'eût le loisir de former des oppositions secretes à la persuasion. Ils apportent quelquefois dans un conseil, raisons sur raisons, pour déterminer les ames les plus irrésoluës au parti qu'elles doivent prendre : mais dans les éloges où il faut discerner les vices d'avec les vertus ; où il faut démêler les diversités qui se rencontrent dans un naturel ; où il faut non seulement distinguer les qualités differentes, mais les differences dont chaque qualité est marquée, on ne doit pas se servir d'un stile qui nous engage ou qui nous entraîne, ni de raisonnemens suivis qui assujettissent le nôtre. Au contraire, il faut nous dégager de tout ce qui nous attire, de ce qui nous impose, de ce qui soumet nôtre entendement, afin de nous laisser chez nous-même avec un plein usage de nos lumieres, attachés néanmoins, autant que nous pouvons l'être, à chaque terme d'un stile coupé, & d'une construction variée, de peur que l'esprit ne vînt à se dissiper en des considerations trop vagues. Par-là un lecteur est obligé de donner toute son attention aux diverses singularités, & d'examiner séparément chaque trait de la peinture.

C'est ainsi que les anciens formoient leurs éloges. Pour nous, si nous avions à dépeindre un naturel semblable à celui de Catilina, nous aurions de la peine à concevoir dans une même personne des qualités qui paroissent opposées. Tant de hardiesse avec un si grand artifice, tant de fierté & tant de finesse ; tant d'ardeur en ce qu'il désiroit, avec tant de feinte & de dissimulation.

Il y a des differences délicates entre des qualités qui semblent les mêmes, que nous découvrons mal-aisément. Il y a quelquefois un mélange de vice & de vertu dans une seule qualité, que nous ne separerons jamais. Veritablement il nous est facile de connoître les vertus, quand elles sont nettes & entieres ; & d'ordinaire nous donnons de la prudence dans les conseils, de la promptitude dans l'exécution, & de la valeur dans les combats : pour ce qui regarde les bonnes mœurs, de la pieté envers Dieu, de la probité parmi les hommes, de la fidelité à ses amis ou à son maître. Nous faisons le même usage & des défauts & des vices ; de l'incapacité dans les affaires, de la lâcheté contre les ennemis, de l'infidelité à ses amis, de la paresse, de l'avarice, de l'ingratitude : mais où la nature n'a pas mis une grande pureté dans les vertus, où elle a laissé quelque mélange de vertu parmi les vices, nous manquons tantôt de pénétration à découvrir ce qui se cache, tantôt de délicatesse à démêler ce qui se confond.

Ces distinctions particulieres, qui marquent diversement les qualités, selon les esprits où elles se rencontrent, nous font encore plus cachées. La diversité de vaillance nous est inconnuë : nous n'avons qu'un même courage pour tous les gens de valeur ; une même ambition pour tous les ambitieux ; une même probité pour tous les gens de bien ; &, à dire vrai, l'éloge que nous faisons d'un homme de grand mérite, pourroit convenir à tout ce qu'il y a eu de grands personnages de nôtre tems. Si nous avions à parler de ces ducs de Guise, dont la réputation durera toûjours, nous les ferions vaillans, génereux, courtois, liberaux, ambitieux, zelés pour la religion catholique, & ennemis déclarés de la protestante : mais les qualités de l'un trop peu distinguées de celles de l'autre, ne formeroient pas des caractéres aussi divers qu'ils le doivent être. Ces vertus, que la morale & les discours géneraux nous représentent les mêmes, prennent un air different par la difference de l'humeur & du génie des personnes qui les possedent.

Nous jugeons bien que le connêtable (1) & l'amiral (2) ont été capables de soutenir le poids des affaires les plus importantes : mais la difference de leur capacité ne se trouve pas assez marquée dans nos auteurs. Ils nous apprennent que d'Andelot, Bussi & Givri ont été les plus braves gens du monde : mais on

ne

_____
(1) *Anne de Montmoren-ci connêtable de France.* | (2) *Gaspard de Coligni, amiral de France.*

ne nous dit point qu'il y avoit une opiniâtreté de faction mêlée à la hardiesse d'Andelot; qu'il paroissoit quelque chose de vain & d'audacieux dans la bravoure de Bussi, & que la valeur de Givri avoit toûjours un air de chevalerie.

Il y a quelque chose de particulier dans les courages, qui les distingue, comme il y a quelque singularité dans les esprits, qui en fait la différence. Le courage du maréchal de Châtillon étoit une intrépidité lente & paresseuse : celui du maréchal de la Meilleraye avoit une ardeur fort propre à presser un siege, & un grand emportement dans les combats de campagne. La valeur du maréchal de Rantzau étoit admirable pour les grandes actions ; elle a pu sauver une province ; elle a pu sauver une armée : mais on eût dit qu'elle tenoit au dessous d'elle les perils communs, à la voir si nonchalante pour les petites & frequentes occasions où le service ordinaire se faisoit. Celle du maréchal de Gassion, plus vive & plus agissante, pouvoit être utile à tous les momens : il n'y avoit point de jour qu'elle ne donnât à nos troupes quelque avantage sur les ennemis. Il est vrai qu'on la voyoit moins libre à la vûë d'une grosse affaire. Ce maréchal si avanturier pour les partis, si brusque à charger les arriere-gardes, craignoit un engagement entier, occupé de la pensée des évéévenemens, lors qu'il falloit agir plûtôt que penser.

Quelquefois nous donnons tout aux qualités sans avoir égard à ce que l'humeur y mêle du sien. Quelquefois nous donnons trop à l'humeur, & ne considerons pas assez le fond des qualités. La rêverie de Monsieur de Turenne, son esprit retiré en lui-même, plein de ses projets & de sa conduite, l'ont fait passer pour timide, irrésolu, incertain, quoi qu'il donnât une bataille avec autant de facilité que Monsieur de Gassion alloit à une escarmouche. Et le naturel ardent de Monsieur le Prince l'a fait croire impétueux dans les combats, lui qui se possede mieux dans la chaleur de l'action qu'homme du monde; lui qui avoit plus de presence d'esprit à Lens, à Fribourg, à Nortlingue & à Senef, qu'il n'en auroit eu peut être dans son cabinet.

Après un si long discours sur la connoissance des hommes, je dirai que nos historiens ne nous en donnent pas assez, faute d'application, ou de discernement pour les bien connoître. Ils ont cru qu'un recit exact des évenemens suffisoit pour nous instruire, sans considerer que les affaires se font par des hommes que la passion emporte plus souvent que la politique ne les conduit. La prudence gouverne les sages; mais il en est peu, & les plus sages ne le sont pas en tout tems ; la passion fait agir presque tout le monde, & presque toûjours.

Dans les républiques, où les maximes du vrai interêt devroient être mieux suivies, on voit la plûpart des choses se faire par un esprit de faction, & toute faction est passionnée. La passion se trouve par tout ; le zele des plus gens de bien n'en est pas exemt. L'animosité de Caton contre César, & la fureur de Cicéron contre Antoine, n'ont guere moins servi à ruiner la liberté, que l'ambition de ceux qui ont établi la tyrannie. L'opposition du Prince Maurice & de Barneveld, également, mais diversement zelés pour le bien de la Hollande, ont failli à la perdre, lors qu'elle n'avoit plus rien à craindre des espagnols. Le Prince la vouloit puissante au dehors ; Barneveld la vouloit libre au dedans. Le premier la mettoit en état de faire tête à un roi d'Espagne ; le second songeoit à l'assurer contre un prince d'Orange. Il en coûta la vie à Barneveld ; &, ce qui arrive assez souvent, on vit périr par le peuple même, les partisans de la liberté.

Je passe des observations sur l'histoire, à des reflexions sur la politique : on me le pardonnera peut-être ; en tout cas, je me satisferai moi-même.

Dans les commencemens d'une république, l'amour de la liberté fait la premiere vertu des citoyens, & la jalousie qu'elle inspire, établit la principale politique de l'état. Lassés que sont les hommes des peines, des embarras, des périls qu'il faut essuyer pour vivre toûjours dans l'indépendance, ils suivent quelque ambitieux qui leur plaît, & tombent aisément d'une liberté fâcheuse dans une agréable sujetion. Il me souvient d'avoir dit souvent en Hollande, & au pensionnaire même (1), qu'on se mécomptoit sur le naturel des hollandois. On se persuade que les hollandois aiment la liberté, & ils haïssent seulement l'oppression. Il y a chez eux peu de fierté dans les ames, & la fierté de l'ame fait les veritables républicains. Ils apprehenderoient un Prince avare, capable de prendre leur bien, un Prince violent qui pourroit leur faire des outrages : mais ils s'accommodent de la qualité du Prince avec plaisir. S'ils aiment la république, c'est pour l'interêt de leur trafic, plus que par une satisfaction qu'ils ayent d'être libres. Les magistrats aiment leur indépendance, pour gouverner des gens qui dépendent d'eux : le peuple reconnoît plus aisément l'autorité du Prince, que celle des magistrats. Lors qu'un prince d'Orange a voulu surprendre Amsterdam, tout s'est déclaré pour les bourguemestres : mais ç'a été plûtôt par la haine de la violence, que par l'amour de la liberté. Quand un

autre

---

(1) Mr. de Vvit.

autre s'oppose à la paix (1), après une longue guerre, la paix se fait malgré lui : mais elle se fait par le sentiment de la misere présente ; & la consideration naturelle qu'on a pour lui, n'est que suspenduë, non pas ruïnée. Ces coups extraordinaires étant passés, on revient au prince d'Orange. Les républicains ont le déplaisir de voir reprendre au peuple ses premieres affections, & ils apprehendent la domination, sans oser paroître jaloux de la liberté.

Dans le tems que le prince d'Orange n'avoit ni charge, ni gouvernement ; dans le tems qu'il n'avoit de crédit que par son nom, le pensionnaire & Monsieur de Noortvvik, étoient les seuls qui osassent prononcer hardiment le nom de république à la Haye. La maison d'Orange avoit assez d'autres ennemis ; mais ces ennemis parloient toûjours des états avec des expressions génerales, qui n'expliquoient point la constitution du gouvernement.

« La Hollande, dit Grotius, est une république faite par hazard, qui se maintient par la crainte qu'on a des espagnols : *Respublica casu facta, quam metus hispanorum continet.* L'appréhension que donnent les françois aujourd'hui, fait le même effet ; & la necessité

d'une

___
(1) *La paix de Nimegue.*

d'une bonne intelligence unit le Prince aux états, les états au Prince. Mais à juger des choses par elles-mêmes, la Hollande n'est ni libre, ni assujettie. C'est un gouvernement composé de pieces fort mal liées, où le pouvoir du Prince & la liberté des citoyens ont également besoin de machines pour se conserver.

Venons maintenant à ce qui regarde les cours, & faisons reflexion sur les effets que les passions y produisent.

En quelle cour les femmes n'ont-elle pas eu du crédit, & en quelles intrigues ne sont-elles pas entrées ? Que n'a point fait la princesse d'Eboli sous Philippe II. tout prudent & tout politique qu'il étoit ? Les Dames n'ont-elles pas retiré Henri le Grand d'une guerre avantageusement commencée, & ne lui en faisoient-elles pas entreprendre une incertaine & perilleuse, lors qu'il fut tué ? Les piques du cardinal de Richelieu & du duc de Buckingham pour une suscription de lettre, ont armé l'Angleterre contre la France. Madame de Chevreuse a remué cent machines dedans & dehors le royaume. Et que n'a point fait la comtesse de Carlisle ? n'animoit-elle pas du fond de Wite-Hall toutes les factions de Westminster ?

C'est une consolation pour nous, de trouver nos foibles en ceux qui ont l'autorité de nous gouverner; & une grande douceur à ceux
qui

qui sont distingués par la puissance, d'être faits comme nous pour les plaisirs.

REFLEXIONS XV.
SUR NOS
TRADUCTEURS.

Les ouvrages de nos traducteurs sont estimés généralement de tout le monde. Ce n'est pas qu'une fidelité fort exacte fasse la recommandation de nôtre Ablancourt : mais il faut considerer la force admirable de son expression, où il n'y a ni rudesse, ni obscurité. Vous n'y trouverez pas un terme à desirer pour la netteté du sens ; rien à rejetter ; rien qui nous choque, ou qui nous dégoûte. Chaque mot y est mesuré pour la justesse des périodes, sans que le stile en paroisse moins naturel ; & cependant une syllabe de plus ou de moins, ruineroit je ne sai quelle harmonie qui plaît autant à l'oreille que celle des vers. Mais, à mon avis, il a l'obligation de ces avantages au discours des anciens, qui regle le sien : car si-tôt qu'il revient de leur génie au sien propre, comme dans ses préfaces & dans ses lettres, il perd la meilleure partie de toutes ces beautés :

beautés : un auteur admirable, tant qu'il est animé de l'esprit des grecs & des latins, devient un écrivain médiocre, quand il n'est soutenu que de lui-même. C'est ce qui arrive à la plûpart de nos traducteurs ; de quoi ils me paroissent convaincus, pour sentir les premiers leur stérilité. Et en effet, celui qui met son mérite à faire valoir les pensées des autres, n'a pas grande confiance de pouvoir se rendre recommandable par les siennes : mais le public lui est infiniment obligé du travail qu'il se donne pour apporter des richesses étrangeres où les naturelles ne suffisent pas. Je ne suis pas de l'humeur d'un homme de qualité que je connois, ennemi declaré de toutes les versions. C'est un espagnol savant & spirituel(1), qui ne sauroit souffrir qu'on rende communes aux paresseux les choses qu'il a apprises chez les anciens avec de la peine.

Pour moi, outre que je profite en mille endroits des recherches laborieuses des traducteurs, j'aime que la connoissance de l'antiquité devienne plus générale, & je prens plaisir à voir admirer ces auteurs par les mêmes gens qui nous eussent traités de pedans, si nous les avions nommés quand ils ne les entendoient pas. Je mêle donc ma reconnoissance à celle du

---

(1) Don *Antonio de Co`d`m`e`*, favori de Don *Juan*, & lieutenant general de la cavalerie espagnole en Flandres.

du public ; mais je ne donne pas mon eſtime, & je puis être fort liberal de loüanges pour la traduction, que j'en ſerai fort avare pour le génie de ſon auteur. Je puis eſtimer beaucoup les verſions d'Ablancourt, de Vaugelas, de du Ryer, de Charpentier, & de beaucoup d'autres, ſans faire grand cas de leur eſprit, s'il n'a paru par des ouvrages qui viennent d'eux-mêmes.

Nous avons les verſions de deux poëmes latins en vers françois, qui méritent d'être conſiderées, autant pour leur beauté, que pour la difficulté de l'entrepriſe. Celle de Brebeuf a été generalement eſtimée, & je ne ſuis ni aſſez chagrin, ni aſſez ſevere pour m'oppoſer à une ſi favorable approbation. J'obſerverai néanmoins qu'il a pouſſé la fougue de Lucain en nôtre langue plus loin qu'elle ne va dans la ſienne, & que par l'effort qu'il a fait pour égaler l'ardeur de ce poëte, il s'eſt allumé lui-même, ſi on peut parler ainſi, beaucoup plus. Voilà ce qui arrive à Brebeuf aſſez ſouvent : mais il ſe relâche quelquefois ; & quand Lucain rencontre heureuſement la véritable beauté d'une penſée, le traducteur demeure beaucoup au deſſous ; comme s'il vouloit paroître facile & naturel où il lui ſeroit permis d'employer toute ſa force. Vous remarquerez cent fois la verité de ma premiere obſervation ; & la ſeconde ne vous paroîtra pas moins
juſte

juste en quelques endroits : par exemple, pour rendre,

Victrix causa diis placuit, sed victa Catoni.

Brebeuf a dit seulement :

Les dieux servent César, & Caton suit Pompée.

C'est une expression basse, qui ne répond pas à la noblesse de la latine ; outre que c'est mal entrer dans le sens de l'auteur. Car Lucain, qui a l'esprit tout rempli de la vertu de Caton, le veut élever au dessus des dieux dans l'opposition des sentimens sur le mérite de la cause ; & Brebeuf tourne une image noble de Caton élevé au dessus des dieux, en celle de Caton assujetti à Pompée.

Quant à Segrais, il demeure par tout bien au dessous de Virgile ; ce qu'il avoüe lui-même aisément : car il seroit fort extraordinaire qu'on pût rendre une traduction égale à un si excellent original. D'ailleurs, un des plus grands avantages du poëte, consiste dans la beauté de l'expression : ce qu'il n'est pas possible d'égaler dans nôtre langue, puis que jamais on n'a sû le faire dans la sienne. Segrais doit se contenter d'avoir mieux trouvé le génie de Virgile, que pas un de nos auteurs ; & quelques graces qu'ait perdu l'Eneïde entre les mains, j'ose dire qu'il surpasse de bien loin tous ces poëmes que nos françois ont mis au jour avec plus de confiance que de succès.

La grande application de Segrais à connoître l'esprit du poëte, paroît dans la preface, autant que dans la version; & il me semble qu'il a bien réussi à juger de tout, excepté des caracteres. En cela je ne puis être de son sentiment; & il me pardonnera, si pour avoir été dégoûté mille fois de son héros, je ne perds pas l'occasion de parler ici du peu de mérite du bon Enée.

Quoique les conquerans ayent ordinairement plus de soin de faire exécuter leurs ordres sur la terre, que d'observer religieusement ceux du ciel, comme l'Italie étoit promise à ce troyen par les dieux, c'est avec raison que Virgile lui a donné un grand assujettissement à leurs volontés : mais quand il nous le dépeint si devot, il doit lui attribuer une devotion pleine de confiance, qui s'accommode avec le temperament des héros, non pas un sentiment de religion scrupuleux, qui ne subsiste jamais avec la veritable valeur. Un general qui croyoit bien en ses dieux, devoit augmenter la grandeur de son courage par l'esperance de leur secours : sa condition étoit malheureuse, s'il n'y savoit croire qu'avec une superstition qui lui ôtoit le naturel usage de son entendement & de son cœur. C'est

ce

ce qui arriva au pauvre Nicias, qui perdit l'armée des atheniens, & se perdit lui-même, par la crédule & superstitieuse opinion qu'il eut du courroux des dieux. Il n'en est pas ainsi du grand Alexandre. Il se croyoit fils de Jupiter, pour entreprendre des choses plus extraordinaires. Scipion qui feint ou qui pense avoir un commerce avec les dieux, en tire avantage pour relever sa république, & pour abattre celle des carthaginois. Faut-il que le fils de Venus, assuré par Jupiter de son bonheur & de sa gloire future, n'ait de pieté que pour craindre les dangers, & pour se défier du succès de toutes ses entreprises ? Segrais, là-dessus, défend une cause qui lui fait de la peine, & il a tant d'affection pour son héros, qu'il aime mieux ne pas exprimer le sens de Virgile dans toute sa force, que de découvrir nettement les frayeurs honteuses du pauvre Enée.

Extemplò Æneæ solvuntur frigore membra,
Ingemit & duplices tendens ad sidera palmas,
Talia voce refert : ô terque quaterque beati,
Queis ante ora patrum Trojæ sub mœnibus altis
Contigit oppetere (1).

J'avoûe que ces sortes de saisissemens se font en nous malgré nous-mêmes par un défaut

(1) *Virgil. Æneid. Lib* 1.

faut du temperament, mais puis que Virgile pouvoit former celui d'Enée à sa fantaisie, je m'étonne qu'il lui en ait donné un susceptible de cette frayeur. On fait honneur aux philosophes des vices de complexion, quand ils savent les corriger par la sagesse. Socrate avouë aisément de méchantes inclinations que la philosophie lui a fait vaincre : mais la nature doit être toute belle dans les heros ; & si par une necessité de la condition humaine, il faut qu'elle péche en quelque chose, leur raison est employée à moderer des transports, non pas à surmonter des foiblesses. Souvent même leurs impulsions ont quelque chose de divin, qui est au dessus de la raison. Ce qu'on appelle déreglement dans les autres, n'est en eux qu'une pleine liberté, où leur ame se déploye dans toute son étenduë. On fait de leur impétuosité cette vertu héroïque, qui emporte nôtre admiration sans reconnoître nôtre jugement. Mais les passions basses les deshonorent ; & si l'amitié exige quelquefois d'eux les craintes & les douleurs, (ce qu'on voit d'Achille pour Patrocle, & d'Alexandre pour Epheftion) il ne leur est pas permis dans leurs propres dangers, & dans leurs malheurs particuliers, de faire voir la même peur, ni de faire entendre les mêmes plaintes. Or Enée fait craindre & pleurer sur tout ce qui le regarde. Il est vrai qu'il fait la même chose pour ses amis ; mais on doit moins l'attribuer à une passion noble & genereuse, qu'à une source inépuisable d'apprehensions & de pleurs, qui lui en fournit naturellement pour lui & pour les autres.

Extemplò Æneæ solvuntur frigore membra,
Ingemit & duplices tendens ad sydera palmas.

Saisi qu'il est de ce froid par tous les membres, le premier signe de vie qu'il donne, c'est de gémir : puis il tend les mains au Ciel ; & apparemment il imploreroit son assistance, si l'état où il est lui laissoit la force d'élever son esprit aux dieux, & d'avoir quelque attention à la priere. Son ame qui ne peut être appliquée à quoi que ce soit, s'abandonne aux lamentations ; & semblable à ces veuves désolées, qui voudroient être mortes, disent-elles, avec leurs maris, au premier embarras qui leur survient, le pauvre Enée regrette de n'avoir pas péri devant Troye avec Hector, & tient bienheureux ceux qui ont laissé leurs os au sein d'une si douce & si chere terre. Un autre croira que c'est pour envier leur bonheur ; mais je suis persuadé que c'est par la crainte du péril qui le menace.

Vous remarquerez encore que toutes ces lamentations commencent presque aussi-tôt que la tempête. Les vents soufflent impétueusement, l'air s'obscurcit ; il tonne ; il éclaire ; les vagues deviennent grosses & furieuses ;

rieuses : voilà ce qui arrive dans tous les orages. Il n'y a jusques-là ni mât qui se rompe, ni voiles qui se déchirent, ni rames brisées, ni gouvernail perdu, ni ouverture par où l'eau puisse entrer dans le navire ; & c'étoit-là du moins qu'il falloit attendre à se désoler. Car il y a mille jeunes garçons en Angleterre, & autant de femmes en Hollande, qui à peine s'étonnent où le héros témoigne son desespoir.

Je trouve une chose remarquable dans l'Enéide : c'est que les dieux abandonnent à Enée toutes les matieres de pleurs. Qu'il conte la destruction de Troye si pitoyablement qu'il lui plaira, ils ne se mêleront pas de regler les larmes ; mais si-tôt qu'il y a une grande résolution à prendre, ou une exécution difficile à faire, ils ne se fient ni à sa capacité, ni à son courage ; & ils font presque toûjours ce qu'ailleurs les grands-hommes ont accoûtumé d'entreprendre & d'exécuter. Je sai combien l'intervention des dieux est necessaire au poëme épique : mais cela n'empêche pas qu'on ne dût laisser plus de choses à la vertu du héros. Car si le héros est trop confiant, qui au mépris des dieux veut tout fonder sur lui-même, le dieu est trop secourable, qui pour faire tout, anéantit le mérite du héros.

Personne n'a mieux entendu que Longin cette œconomie délicate de l'assistance du Ciel, & de la vertu des grands-hommes.

» Ajax, dit-il, se trouvant dans un combat
» de nuit effroyable, ne demande pas à Jupi-
» ter qu'il le sauve du danger où il se rencon-
» tre, cela seroit indigne de lui : il ne deman-
» de pas qu'il lui donne des forces surnatu-
» relles pour vaincre avec sureté ; il auroit
» trop peu de part à la victoire : il demande
» seulement de la lumiere, afin de pouvoir
» discerner les ennemis, & d'exercer contre
» eux sa propre vaillance : *da lucem ut vi-*
» *deam* (1).

Le plus grand défaut de la Pharsale, c'est de n'être proprement qu'une histoire en vers, où des hommes illustres font presque tout par des moyens purement humains. Pétrone l'en blâme avec raison, & remarque judicieusement que *per ambages Deorumque ministeria & fabulosum sententiarum tormentum præcipitandus est liber spiritus, ut potius furentis animi vaticinatio appareat, quàm religiosa orationis sub testibus fides.* Mais l'Enéïde est une fable éternelle, où l'on introduit les dieux pour conduire & pour exécuter toutes choses. Quant au bon Enée, il ne se mêle gueres des desseins importans & glorieux : il lui suffit de ne pas manquer aux offices d'une ame pieuse, tendre & pitoyable. Il porte son pere sur ses épaules : il regrette sa chere Creüse conjugalement : il

fait

---

(1) Longin, traité du Sublime, chap. 8.

fait enterrer sa nourrice, & dresse un bucher à son pilote, en répandant mille larmes.

C'étoit un pauvre héros dans le paganisme, qui pourroit être un grand Saint chez les Chrétiens : fort propre à nous donner des miracles, & plus digne fondateur d'un ordre que d'un état. A le considerer par les sentimens de religion, je puis reverer sa Sainteté : si j'en veux juger par ceux de sa gloire, je ne saurois souffrir un conquerant, qui ne fournit de lui que des larmes aux malheurs, & des craintes à tous les périls qui se présentent ; je ne puis souffrir qu'on le rende maître d'un si beau pays que l'Italie, avec des qualités qui lui convenoient mieux pour perdre le sien, que pour en conquerir un autre.

Virgile étoit sans doute bien pitoyable. A mon avis, il ne fait plaindre les désolés Troyens de tant de malheurs, que par une douceur secrette qu'il trouvoit à s'attendrir. S'il n'eût été de ce tempérament-là, il n'eût pas donné tant d'amour au bon Enée pour sa chere terre ; car les héros se défont aisément du souvenir de leur pays chez les nations où ils doivent exécuter de grandes choses. Leur ame toute tournée à la gloire, ne garde aucun sentiment pour ces petites douceurs. Il falloit donc que les Troyens se lamentassent moins de leur misere. Des gens de guerre, qui veulent exciter nôtre pitié pour leur infortune, n'inspirent que du mépris pour leur foiblesse :

blessé ; mais Enée particulierement devoit être occupé de son grand dessein, & détourner ses pensées de ce qu'il avoit souffert, sur l'établissement qu'il alloit faire. Celui qui alloit fonder la grandeur & la vertu des romains, devoit avoir une élevation & une magnanimité digne d'eux.

Aux autres choses, Segrais ne sauroit donner trop de loüanges à l'Enéïde ; & peut-être que je suis touché du quatriéme & du sixiéme livre, autant que lui-même. Pour les caracteres, j'avouë qu'ils ne me plaisent pas, & je trouve ceux d'Homere aussi animés, que ceux de Virgile fades & dégoûtans.

En effet, il n'y a point d'ame qui ne se sente élevée par l'impression que fait sur elle le caractere d'Achille. Il n'y en a point à qui le courage impetueux d'Ajax ne donne quelque mouvement d'impatience. Il n'y en a point qui ne s'anime & ne s'excite par la valeur de Diomede. Il n'y a personne à qui le rang & la gravité d'Agamemnon n'imprime quelque respect ; qui n'ait de la veneration pour la longue expérience & pour la sagesse de Nestor ; à qui l'industrie avisée du fin & ingénieux Ulysse n'éveille l'esprit. La valeur infortunée d'Hector le fait plaindre de tout le monde : la condition miserable du vieux roi Priam touche l'ame la plus dure ; & quoique la beauté ait comme un privilege secret de se concilier les affections, celle de Paris, celle

d'Helene

d'Helene, n'attirent que de l'indignation, quand on confidere le fang qu'elles font verfer, & les funeftes malheurs dont elles font caufe. De quelque façon que ce foit, tout anime dans Homere ; tout émeut : mais dans Virgile, qui peut ne s'ennuyer pas avec le bon Enée & fon cher Achate ? Si vous exceptés Nifus & Eurialius, (qui, à la verité vous intereffent dans toutes leurs avantures,) vous languirez de neceffité avec tous les autres ; avec un Ilionée, un Sergefte, Mneftée, Cloante, Gias, & le refte de ces hommes communs qui accompagnent un chef mediocre.

Jugez par-là combien nous devons admirer la poëfie de Virgile, puis que malgré la vertu des héros d'Homere, & le peu de mérite des fiens, les meilleurs critiques ne trouvent pas qu'il lui foit inferieur.

XVI. SUR LES TRAGÉDIES.

J'Avoue que nous excellons aux ouvrages de théatre, & je ne croirai point flater Corneille, quand je donnerai l'avantage à beaucoup de ses tragédies sur celles de l'antiquité. Je sai que les anciens tragiques ont eu des admirateurs dans tous les tems ; mais je ne sai pas si cette sublimité dont on parle, est trop bien fondée. Pour croire que Sophocle & Euripide sont aussi admirables qu'on nous le dit, il faut s'imaginer bien plus de choses de leurs ouvrages, qu'on n'en peut connoître par des traductions ; & selon mon sentiment, les termes & la diction doivent avoir une part considerable à la beauté de leurs tragédies.

Il me semble voir au travers des loüanges que leur donnent leurs plus renommés partisans, que la grandeur, la magnificence & la dignité sur tout, leur étoient des choses fort peu connuës : c'étoient de beaux esprits resserrés dans le ménage d'une petite république, à qui une liberté necessiteuse tenoit lieu de toutes choses. Que s'ils étoient obligés de représenter la majesté d'un grand roi, ils entroient mal dans une grandeur inconnuë, pour ne voir que des objets bas

& grossiers, où leurs sens étoient comme assujettis.

Il est vrai que les mêmes esprits dégoûtés de ces objets, s'élevoient quelquefois au sublime & au merveilleux : mais alors ils faisoient entrer tant de dieux & de déesses dans leurs tragédies qu'on n'y reconnoissoit presque rien d'humain. Ce qui étoit grand, étoit fabuleux : ce qui étoit naturel, étoit pauvre & miserable. Chez Corneille la grandeur se connoît par elle-même. Les figures qu'il employe sont dignes d'elle, quand il veut la parer de quelque ornement; mais d'ordinaire il neglige ces vains dehors: il ne va point chercher dans les Cieux de quoi faire valoir ce qui est assez considerable sur la terre : il lui suffit de bien entrer dans les choses, & la pleine image qu'il en donne, fait la veritable impression qu'aiment à recevoir les personnes de bon sens.

En effet, la nature est admirable par tout; & quand on a recours à cet éclat étranger, dont on pense embellir les objets, c'est souvent une confession tacite qu'on n'en connoît pas la proprieté. Delà viennent la plûpart de nos figures & de nos comparaisons, que je ne puis approuver, si elles ne sont rares, tout-à-fait nobles & bien justes : autrement, c'est chercher par adresse une diversion, pour se dérober aux choses que l'on ne sait pas connoître. Quelque beauté cependant que puissent avoir les comparaisons, elles conviennent beaucoup plus au poëme épique, qu'à la tragédie : dans le poëme épique, l'esprit cherche à se plaire hors de son sujet : dans la tragédie, l'ame pleine de sentimens, & possedée de passions, se tourne malaisément au simple éclat d'une ressemblance.

Ramenons nôtre discours à ces anciens, dont il s'est insensiblement éloigné ; & cherchant à leur faire justice, confessons qu'ils ont beaucoup mieux réussi à exprimer les qualités de leurs héros, qu'à dépeindre la magnificence des grands rois. Une idée confuse des grandeurs de Babylone, avoit gâté plûtôt qu'élevé leur imagination ; mais leur esprit ne pouvoit pas s'abuser sur la force, la constance, la justice & la sagesse, dont ils avoient tous les jours des exemples devant les yeux. Leurs sens dégagés du faste dans une république médiocre, laissoient leur raison plus libre à considerer les hommes par eux-mêmes.

Ainsi, rien ne les détournoit d'étudier la nature humaine ; de s'appliquer à la connoissance des vices & des vertus, des inclinations & des génies. C'est par-là qu'ils ont appris à former si bien les caracteres, qu'on n'en sauroit desirer de plus justes, selon le tems où ils ont vécu, si on se contente de connoître les personnes par leurs actions.

Corneille a cru que ce n'étoit pas assez de les faire agir, il est allé au fond de leur ame chercher le principe de leurs actions : il est descendu dans leur cœur, pour y voir former les

les passions, & y découvrir ce qu'il y a de plus caché dans leurs mouvemens. Quant aux anciens tragiques, ou ils negligent les passions, pour être attachés à representer exactement ce qui se passe ; ou ils font les discoureurs au milieu des perturbations mêmes, & vous disent des sentences, quand vous attendez du trouble & du desespoir.

Corneille ne dérobe rien de ce qui se passe: il met en vûë toute l'action, autant que le peut souffrir la bienséance: mais aussi donne-t'il au sentiment tout ce qu'il exige; conduisant la nature sans la gêner, ni l'abandonner à elle-même. Il a ôté du théatre des anciens ce qu'il y avoit de barbare. Il a adouci l'horreur de leur scene par quelques tendresses d'amour judicieusement dispensées ; mais il n'a pas eu moins de soin de conserver aux sujets tragiques nôtre crainte & nôtre pitié, sans détourner l'ame des veritables passions qu'elle y doit sentir, à de petits soupirs ennuyeux, qui pour être cent fois variés, sont toûjours les mêmes.

Quelques loüanges que je donne à cet excellent auteur, je ne dirai pas que ses pieces soient les seules qui méritent de l'applaudissement sur nôtre théatre. Nous avons été touchés de Mariamne, de Sophonisbe, d'Alcioné, de Venceslas, de Stilicon, d'Andromaque, de Britannicus(1), & de plusieurs autres,

___
(1) Tristan est l'auteur | de la Mariamne: Mairet,

à qui je ne prétens rien ôter de leur beauté, pour ne les nommer pas.

J'évite autant que je puis d'être ennuyeux, & il me suffira de dire qu'aucune nation ne sauroit disputer à la nôtre, l'avantage d'exceller aux tragédies. Pour celles des italiens, elles ne valent pas la peine qu'on en parle : les nommer seulement, est assez pour inspirer de l'ennui. Leur festin de Pierre feroit mourir de langueur un homme assez patient, & je ne l'ai jamais vu sans souhaiter que l'auteur de la piece fût foudroyé avec son Athée.

Il y a de vieilles tragédies angloises (1), où il faudroit, à la verité, retrancher beaucoup de choses : mais avec ce retranchement, on pourroit les rendre tout-à-fait belles. En toutes les autres de ce tems-là, vous ne voyez qu'une matiere informe & mal digerée, un amas d'évenemens confus, sans consideration des lieux, ni des tems, sans aucun égard à la bienséance. Les yeux avides de la cruauté du spectacle, y veulent voir des meurtres & des corps sanglans. En sauver l'horreur par des recits, comme on fait en France, c'est dérober à la vûë du peuple ce qui le touche le plus.

Les

---

de la Sophonisbe; du Ryer, de l'Alcioné; Rotrou, de Venceslas; Corneille le jeune, de Stilicon; Racine, de l'Andromaque.

& de Britannicus.

(1) Comme le Catilina & le Sejan de Ben. Johnson. &c.

Les honnêtes-gens désapprouvent une coûtume établie par un sentiment peut-être assez inhumain; mais la vieille habitude, où le goût de la nation en general, l'emporte sur la délicatesse des particuliers. Mourir, est si peu de chose aux anglois, qu'il faudroit, pour les toucher, des images plus funestes que la mort même. Delà vient que nous leur reprochons assez justement de donner trop à leurs sens sur le théatre. Il nous faut souffrir aussi le reproche qu'ils nous font de passer dans l'autre extrémité, quand nous admirons chez nous des tragédies par de petites douceurs qui ne font pas une impression assez forte sur les esprits. Tantôt peu satisfaits dans nos cœurs d'une tendresse mal formée, nous cherchons dans l'action des comédiens à nous émouvoir encore : tantôt nous voulons que l'acteur, plus transporté que le poëte, prête de la fureur & du désespoir à une agitation médiocre, à une douleur trop commune. En effet, ce qui doit être tendre, n'est souvent que doux : ce qui doit former la pitié, fait peine à la tendresse : l'émotion tient lieu du saisissement : l'étonnement, de l'horreur. Il manque à nos sentimens quelque chose d'assez profond : les passions à demi touchées, n'excitent en nos ames que des mouvemens imparfaits, qui ne savent ni les laisser dans leur assiette, ni les enlever hors d'elles-mêmes.

XVII. SUR NOS COMEDIES,

Excepté celles de Moliere, où l'on trouve le vrai esprit de la comedie.

POur la comédie, qui doit être la repréſentation de la vie ordinaire, nous l'avons tournée tout-à-fait ſur la galanterie, à l'exemple des eſpagnols, ſans conſiderer que les anciens s'étoient attachés à repreſenter la vie humaine ſelon la diverſité des humeurs, & que les eſpagnols, pour ſuivre leur propre génie, n'avoient dépeint que la ſeule vie de Madrid dans leurs intrigues & leurs avantures.

J'avouë que cette ſorte d'ouvrages auroit pû avoir dans l'antiquité un air noble, & je ne ſai quoi de plus galant ; mais c'étoit plûtôt le défaut de ces ſiecles-là, que la faute des auteurs. Aujourd'hui, la plûpart de nos poëtes ſavent auſſi peu ce qui eſt des mœurs, qu'on ſavoit en ces tems-là ce qui eſt de la galanterie. Vous diriez qu'il n'y a plus d'avares, de prodigues, d'humeurs douces & accommodées à la ſociété, de naturels chagrins & auſteres. Comme ſi la nature étoit changée, & que les hommes ſe fuſſent défaits de ces divers ſentimens, on les repreſente tous ſous un même caractére, dont je ne ſai point la raiſon, ſi ce n'eſt n'est que les femmes ayent trouvé dans ce siecle-ci qu'il ne doit plus y avoir au monde que des galans.

Nous avouërons bien que les esprits de Madrid sont plus fertiles en inventions que les nôtres ; & c'est ce qui nous a fait tirer d'eux la plûpart de nos sujets, lesquels nous avons remplis de tendresses & de discours amoureux, & où nous avons mis plus de regularité & de vraisemblance. La raison en est qu'en Espagne, où les femmes ne se laissent presque jamais voir, l'imagination du poëte se consomme aux moyens ingénieux de faire trouver les amans en même lieu ; & en France, où la liberté du commerce est établie, la grande délicatesse de l'auteur est employée dans la tendre & amoureuse expression des sentimens..

Une femme de qualité, espagnole (1), lisoit, il n'y a pas long-tems, le roman de Cléopatre ; & comme après un long recit d'avantures, elle eut tombé sur une conversation délicate d'un amant & d'une amante également passionnés : Que d'esprit mal employé, dit-elle ; à quoi bon tous ces beaux discours, quand ils sont ensemble ?

C'est la plus belle reflexion que j'aye oüi faire de ma vie ; & Calprenede, quoique françois, devoit se souvenir qu'à des amans nez sous un Soleil plus chaud que celui d'Espagne,

(1) *La princesse d'Isonghien.*

gne, les paroles étoient assez inutiles en ces occasions. Mais le bon sens de cette Dame ne seroit pas reçû dans nos galanteries ordinaires, où il faut parler mille fois d'une passion qu'on n'a pas, pour la pouvoir persuader, & où l'on se voit tous les jours, pour se plaindre, avant que de trouver une heure à finir ce faux tourment.

La précieuse de Moliere est dépeinte ridicule dans la chose, aussi-bien que dans les termes, de ne vouloir pas prendre le roman par la queuë, quand il s'agit de traiter avec des parens l'affaire serieuse d'un mariage (1) : mais ce n'eût pas été une fausse délicatesse avec un galant d'attendre sa declaration, & tout ce qui vient par degrés dans le procedé d'une galanterie.

Pour la régularité & la vrai-semblance, il ne faut pas s'étonner qu'elles se trouvent moins chez les espagnols, que chez les françois. Comme toute la galanterie des espagnols est venuë des maures, il y reste je ne sai quel goût d'Afrique, étranger des autres nations, & trop extraordinaire pour pouvoir s'accommoder à la justesse des regles. Ajoûtez qu'une vieille impression de chevalerie errante, commune à toute l'Espagne, tourne les esprits des cavaliers aux avantures bizarres. Les filles de leur côté, goûtent cet air-là dès leur enfance,

dans

_____
(1) *Voyez les Précieuses ridicules de Moliere.*

dans les livres de chevalerie, & dans les conversations fabuleuses des femmes qui sont auprès d'elles. Ainsi les deux sexes remplissent leurs esprits des mêmes idées ; & la plûpart des hommes & des femmes qui aiment, prendroient le scrupule de quelque amoureuse extravagance, pour une froideur indigne de leur passion.

Quoique l'amour n'ait jamais des mesures bien reglées, en quelque pays que ce soit, j'ose dire qu'il n'y a rien de fort extravagant en France, ni dans la maniere dont on le fait, ni dans les évenemens ordinaires qu'il y produit. Ce qu'on appelle une belle passion, a de la peine même à se sauver du ridicule ; car les honnêtes-gens partagés à divers soins, ne s'y abandonnent pas comme font les espagnols dans l'inutilité de Madrid, où rien ne donne du mouvement que le seul amour.

A Paris, l'assiduité de nôtre cour nous attache, la fonction d'une charge, ou le dessein d'un emploi nous occupe, la fortune l'emportant sur les maîtresses dans un lieu où l'usage est de préferer ce qu'on se doit, à ce qu'on aime. Les femmes, qui ont à se regler là-dessus, sont elles-mêmes plus galantes que passionnées; encore se servent-elles de la galanterie pour entrer dans les intrigues. Il y en a peu que la vanité & l'interêt ne gouvernent, & c'est à qui pourra mieux se servir, elles des galans, & les galans d'elles, pour arriver à leur but.

L'amour

L'amour ne laisse pas de se mêler à cet esprit d'interêt; mais bien rarement il en est le maître: car la conduite que nous sommes obligés de tenir aux affaires, nous forme à quelque régularité pour les plaisirs, ou nous éloigne au moins de l'extravagance. En Espagne, on ne vit que pour aimer. Ce qu'on appelle aimer en France, n'est proprement que parler d'amour, & mêler aux sentimens de l'ambition la vanité des galanteries.

Ces differences considerées, on ne trouvera pas étrange que la comedie des espagnols, qui n'est autre chose que la representation de leurs avantures, soit aussi peu régulière que les avantures; & il n'y aura pas à s'étonner que la comedie des françois, qui ne s'éloigne guere de leur usage, conserve des égards dans la représentation des amours, qu'ils ont ordinairement dans les amours mêmes. J'avouë que le bon sens, qui doit être de tous les pays du monde, établit certaines choses dont on ne doit se dispenser nulle part; mais il est difficile de ne pas donner beaucoup à la coûtume, puis qu'Aristote même dans sa poëtique a mis quelquefois la perfection en ce qu'on croyoit de mieux à Athenes, & non pas en ce qui est veritablement le plus parfait.

La comedie n'a pas plus de privilege que les loix, qui devant toutes être fondées sur la justice, ont néanmoins des differences particulieres, selon le divers génie des peuples qui
les

les ont faites. Et si on est obligé de conserver l'air de l'antiquité ; s'il faut garder le caractère des héros qui sont morts il y a deux mille ans, quand on les représente sur le théatre, comment peut-on ne suivre pas les humeurs, & ne s'ajuster pas aux manieres de ceux qui vivent, lors qu'on représente à leurs yeux ce qu'ils font eux-mêmes tous les jours.

Quelque autorité cependant que se donne la coûtume, la raison sans doute a les premiers droits ; mais il ne faut pas que son exactitude soit rigide : car aux choses qui vont purement à plaire, comme la comédie, il est fâcheux de nous assujettir à un ordre trop austere, & de commencer par la gêne en des sujets où nous ne cherchons que le plaisir.

XVIII. DE LA COMÉDIE ITALIENNE.

VOILA ce que j'avois à dire de la comédie françoise & de la comédie espagnole. Je dirai présentement ce que je pense de l'italienne. Je ne parlerai point de l'Aminte, du Pastor Fido, de la Philis de Scire, & des autres comédies de cette nature-là ; il faudroit connoître mieux que je ne fais les graces de la langue italienne. Je prétens parler seulement en ce discours de la comédie qui se voit ordinairement sur le théatre. Ce que nous voyons en France sur celui des italiens, n'est pas proprement comédie, puisqu'il n'y a pas un véritable plan de l'ouvrage, que le sujet n'a rien de bien lié, qu'on n'y voit aucun caractére bien gardé, ni de composition où le beau génie soit conduit, au moins selon quelques regles de l'art. Ce n'est ici qu'une espece de concert mal formé entre plusieurs acteurs, dont chacun fournit de soi ce qu'il juge à propos pour son personnage. C'est à le bien prendre, un ramas de concetti impertinens dans la bouche des amoureux, & de froides bouffonneries dans celle des zanis (1). Vous ne

(1) *Les bouffons de la comédie Italienne.*

voyez de bon goût nulle part. Vous voyez un faux esprit qui regne, soit en des pensées pleines de cieux, de soleils, d'étoiles & d'élemens, soit dans une affectation de naïveté qui n'a rien du vrai naturel.

J'avoüe que les bouffons sont inimitables ; & de cent imitateurs que j'ai vus, il n'y en a pas un qui soit parvenu à leur ressembler. Pour les grimaces, les postures, les mouvemens ; pour l'agilité, la disposition ; pour les changemens d'un visage qui se démonte comme il lui plaît, je ne sai s'ils ne sont pas préferables aux mines & aux pantomines des anciens. Il est certain qu'il faut bien aimer la méchante plaisanterie, pour être touché de ce qu'on entend. Il faut être aussi bien grave & bien composé, pour ne rire pas de ce qu'on voit ; & ce seroit un dégoût trop affecté de ne se plaire pas à leur action, parce qu'un homme délicat ne prendra pas de plaisir à leurs discours.

Toutes les représentations où l'esprit a peu de part, ennuyent à la fin ; mais elles ne laissent pas de surprendre, & d'être agréables quelque tems avant que de nous ennuyer. Comme la bouffonnerie ne divertit un honnête-homme que par de petits intervalles, il faut la finir à propos, & ne pas donner le tems à l'esprit de revenir à la justesse du discours, & à l'idée du vrai naturel. Cette œconomie seroit à desirer dans la comédie italienne, où le premier dégoût est suivi d'un nouvel ennui
plus

plus lassant encore, & où la varieté au lieu de vous recréer, ne vous apporte qu'une autre sorte de langueur.

En effet, quand vous êtes las des bouffons qui ont trop demeuré sur le théâtre, les amoureux paroissent pour vous accabler. C'est, à mon avis le dernier supplice d'un homme délicat, & on auroit plus de raison de préferer une prompte mort à la patience de les écouter, que n'en eut le lacédémonien de Boccalini, lorsqu'il préfera le gibet à l'ennuyeuse lecture de la guerre de Pise, dans Guichardin (1). Si quelqu'un trop amoureux de la vie a pû essuyer une lassitude si mortelle, au lieu de remettre son esprit par quelque diversité agréable, il ne trouve de changement que par une autre importunité, dont le docteur le desespere. Je sai que pour bien dépeindre la sottise d'un docteur, il faut faire en sorte qu'il tourne toutes les conversations sur la science dont il est possedé : mais que sans jamais

___

(1) Instantissimamente supplicò, che per tutti gl'anni della sua vita lo condannassero a remare in una Galea, che lo murassero trà due mura, e che per misericordia fino lo scorticassero vivo; perche il legger quei Discorsi senza fine, quei Consigli tanto tediosi, quelle freddissime Concioni, fatte nella presa d'ogni vil Colombaia, era crepacuore che superava tutti gl'aculei Inglesi, &c. *Boccal. Ragguagli de Parnasso, Cent. I. Ragg. VI.*

mais répondre à ce qu'on lui dit, il cite mille auteurs, & allegue mille passages avec une volubilité qui le met hors d'haleine, c'est introduire un fou qu'on devroit mettre au petites-maisons, & non pas ménager à propos l'impertinence de son docteur.

Petrone a toute une autre œconomie dans le ridicule d'Eumolpe : la pédanterie de Sidias est autrement menagée par Théophile : le caractére de Caritidès, dans les fâcheux de Moliere, est tout-à-fait juste ; on n'en peut rien retrancher, sans défigurer la peinture qu'il en fait. Voila les savans ridicules, dont la représentation seroit agréable sur le théatre. Mais c'est mal divertir un honnête-homme, que de lui donner un miserable docteur, que les livres ont rendu fou, & qu'on devroit enfermer soigneusement, comme j'ai dit, pour dérober à la vûë du monde l'imbécillité de nôtre condition, & la misere de nôtre nature.

C'est pousser trop loin mes observations sur la comédie italienne. Et pour recüeillir en peu de mots ce que j'ai assez étendu, je dirai qu'au lieu d'amans agréables, vous n'avez que des discoureurs d'amour affectés ; au lieu de comiques naturels, des bouffons incomparables, mais toûjours bouffons ; au lieu de docteurs ridicules, de pauvres savans insensés. Il n'y a presque pas de personnage qui ne soit outré, à la reserve de celui du pantalon,

dont

dont on fait le moins de cas, & le seul néanmoins qui ne passe pas la vrai-semblance.

La tragédie fut le premier plaisir de l'ancienne république ; & les vieux romains possedés seulement d'une âpre vertu, n'alloient chercher aux théatres que des exemples qui pouvoient fortifier leur naturel, & entretenir leurs dures & austeres habitudes. Quand on joignit la douceur de l'esprit pour la conversation, à la force de l'ame pour les grandes choses, on se plut aussi à la comédie ; & tantôt on cherchoit de fortes idées, tantôt on se divertissoit par les agréables.

Si-tôt que Rome vint à se corrompre, les romains quitterent la tragédie, & se dégoûterent de voir au théatre une image austere de l'ancienne vertu. Depuis ce tems-là, jusques au dernier de la république, la comédie fut le délassement des grands-hommes, le divertissement des gens polis, & l'amusement du peuple, ou relâché, ou adouci.

Un peu devant la guerre civile, l'esprit de la tragédie revint animer les romains, dans la disposition secrete d'un génie qui les préparoit aux funestes révolutions qu'on vit arriver. César en composa une, & beaucoup de gens de qualité en composerent aussi. Les désordres cessés sous Auguste, & la tranquillité bien rétablie, on chercha toutes sortes de plaisirs. Les comédies recommencerent, les pantomimes eurent leur crédit, & la tragédie ne laissa pas de se conserver une grande réputation. Sous le regne de Néron, Sénéque prit des idées funestes, qui lui firent composer les tragédies qu'il nous a laissées. Quand la corruption fut pleine, & le vice general, les pantomines ruinerent tout-à-fait la tragédie & la comédie: l'esprit n'eut plus de part aux représentations, & la seule vûë chercha dans les postures & les mouvemens, ce qui peut donner à l'ame des spectateurs des idées voluptueuses.

Les italiens aujourd'hui se contentent d'être éclairés du même soleil, de respirer le même air, & d'habiter la même terre qu'ont habitée autrefois les vieux romains: mais ils ont laissé pour les histoires cette vertu severe qu'ils exerçoient, ne croyant pas avoir besoin de la tragédie, pour s'animer à des choses dures qu'ils n'ont pas envie de pratiquer. Comme ils aiment la douceur de la vie ordinaire, & les plaisirs de la vie voluptueuse, ils ont voulu former des représentations qui eussent du raport avec l'une & avec l'autre; & delà est venu le mélange de la comédie, & de l'art des pantomines, que nous voyons sur le théatre des italiens. C'est à peu près ce qu'on peut dire des italiens qui ont paru en France jusqu'à present.

Tous les acteurs de la troupe qui jouë aujourd'hui, sont generalement bons, jusques aux amoureux; & pour ne leur pas faire d'injustice,

justice, non plus que de grace, je dirai que ce sont d'excellens comédiens, qui ont de fort méchantes comédies. Peut-être n'en sauroient-ils faire de bonnes, peut-être ont-ils raison de n'en avoir pas; & le comte de Bristol reprochant un jour à Cinthio, qu'il n'y avoit pas assez de vrai-semblance dans leurs pieces, Cinthio répondit, que s'il y en avoit davantage, on verroit de bons comédiens mourir de faim avec de bonnes comédies.

DE LA COMEDIE
ANGLOISE.

IL n'y a point de comédie qui se conforme plus à celle des anciens, que l'angloise, pour ce qui regarde les mœurs. Ce n'est point une pure galanterie pleine d'avantures & de discours amoureux, comme en Espagne & en France, c'est la représentation de la vie ordinaire, selon la diversité des humeurs, & les differens caractères des hommes. C'est un Alchimiste, qui par les illusions de son art, entretient les esperances trompeuses d'un vain curieux : c'est une personne simple & crédule, dont la sotte facilité est éternellement abusée : c'est quelquefois un politique ridicule, grave, composé, qui se concerte sur tout, mysterieusement soupçonneux, qui croit trouver des desseins cachez dans les plus communes intentions, qui pense découvrir de l'artifice dans les plus innocentes actions de la vie : c'est un amant bizarre, un faux brave, un faux savant, l'un avec des extravagances naturelles, les autres avec de ridicules affectations. A la verité, ces fourberies, ces simplicités, cette politique, & le reste de ces caractères ingénieusement formés, se poussent trop loin à nôtre avis, comme ceux qu'on voit sur nôtre théatre demeurent un peu languissans au goût des anglois; & cela vient peut-être de ce que les anglois pensent trop, & de ce que les françois d'ordinaire ne pensent pas assez.

En effet, nous nous contentons des premieres images que nous donnent les objets; & pour nous arrêter aux simples dehors, l'apparent presque toûjours nous tient lieu du vrai, & le facile du naturel. Sur quoi je dirai en passant, que ces deux dernieres qualités sont quelquefois très-mal-à-propos confonduës. Le facile & le naturel conviennent assez, dans leur opposition, à ce qui est dur ou forcé: mais quand il s'agit de bien entrer dans la nature des choses, ou dans le naturel des personnes, on m'avouëra que ce n'est pas toûjours avec facilité qu'on y réüssit. Il y a je ne sai quoi d'intérieur, je ne sai quoi de caché qui se découvriroit à nous, si nous savions mieux approfondir les matieres. Autant qu'il nous est mal-aisé d'y entrer, autant il est difficile aux anglois d'en sortir. Ils deviennent mieux maîtres de la chose à quoi ils pensent, qu'ils ne le sont de leur pensée. Possedés de leur esprit, quand ils possedent leur sujet, ils creusent encore où il n'y a plus rien à trouver, & passent la juste & naturelle idée qu'il faut avoir, par une recherche trop profonde.

A la verité, je n'ai point vu de gens de meilleur entendement que les françois, qui considerent les choses avec attention ; & les anglois, qui peuvent se détacher de leurs trop grandes méditations, pour revenir à la facilité du discours, & à certaine liberté d'esprit qu'il faut posseder toûjours, s'il est possible. Les plus honnêtes-gens du monde, ce sont les françois qui pensent, & les anglois qui parlent. Je me jetterois insensiblement en des considerations trop generales. Ce qui me fait reprendre mon sujet de la comédie, & passer à une difference considerable qui se trouve entre la nôtre & la leur, c'est qu'attachés à la régularité des anciens, nous rapportons tout à une action principale, sans autre diversité que celle des moyens qui nous y font parvenir.

Il faut demeurer d'accord qu'un évenement principal doit être le but & la fin de la représentation dans la tragédie, où l'esprit sentiroit quelque violence dans les diversions qui détourneroient sa pensée. L'infortune d'un roi miserable, la mort funeste & tragique d'un grand héros, tiennent l'ame fortement attachée à ces importans objets ; & il lui suffit pour toute varieté, de savoir les divers moyens qui conduisent à cette principale action. Mais la comédie étant faite pour nous divertir, & non pas pour nous occuper, pourvû que le vrai-semblable soit gardé, &

que

que l'extravagance soit évitée, au sentiment des anglois, les diversités font des surprises agréables, & des changemens qui plaisent ; au lieu que l'attente continuelle d'une même chose, où l'on ne conçoit rien d'important, fait necessairement languir nôtre attention.

Ainsi donc, au lieu de représenter une fourberie signalée, conduite par des moyens qui se rapportent tous à la même fin, ils représentent un trompeur insigne avec des fourberies diverses, dont chacune produit son effet particulier par sa propre constitution. Comme ils renoncent presque toûjours à l'unité d'action, pour représenter une personne principale, qui les divertit par des actions differentes, ils quittent souvent aussi cette personne principale, pour faire voir diversement ce qui arrive en des lieux publics à plusieurs personnes. Ben-Johnson en a usé de la sorte dans Bartholomew-Fair. On vient de faire la même chose dans Epsom-Wells (1) ; & dans toutes les deux comédies, on représente comiquement ce qui se passe de ridicule en ces lieux publics.

On voit quelques autres pieces, où il y a comme deux sujets, qui entrent ingénieusement l'un dans l'autre, que l'esprit des spectateurs qui pourroit être blessé par un changement trop sensible, ne trouve qu'à se plaire dans

---

(1) *Comédie de Shadwell.*

dans une agréable varieté qu'ils produisent. Il faut avoüer que la régularité ne s'y rencontre pas: mais les anglois sont persuadés que les libertés qu'on se donne pour mieux plaire, doivent être préferées à des regles exactes, dont un auteur sterile & languissant se fait un art d'ennuyer.

Il faut aimer la regle, pour éviter la confusion. Il faut aimer le bon sens, qui modere l'ardeur d'une imagination allumée; mais il faut ôter à la regle toute contrainte qui gêne, & bannir une raison scrupuleuse, qui par un trop grand attachement à la justesse, ne laisse rien de libre & de naturel. Ceux que la nature a fait naître sans génie, ne pouvant jamais se le donner, donnent tout à l'art qu'ils peuvent acquerir; & pour faire valoir le seul mérite qu'ils ont d'être reguliers, ils n'oublient rien à décrier les ouvrages qui ne le sont pas tout-à-fait. Pour ceux qui aiment le ridicule; qui prennent plaisir à bien connoître le faux des esprits; qui sont touchés des vrais caractéres, ils trouveront les belles comédies des anglois selon leur goût, autant & peut-être plus qu'aucunes qu'ils ayent jamais vûës.

Nôtre Moliere, à qui les anciens ont inspité le bon esprit de la comédie, égale leur Ben-Johnson à bien représenter les diverses humeurs & les differentes manieres des hommes, l'un & l'autre conservant dans leurs

pein-

peintures un juste rapport avec le génie de leur nation. Je croirois qu'ils ont été plus loin que les anciens en ce point-là ; mais on ne sauroit nier qu'ils n'ayent eu plus d'égard aux caractères, qu'au gros des sujets, dont la suite aussi pourroit être mieux liée, & le dénouëment plus naturel.

SUR LES OPERA. XXI.
A Mr. LE DUC
DE BUCKINGHAM (1).

IL y a long-tems, Mylord, que j'avois envie de vous dire mon sentiment sur les Opera, & de vous parler de la difference que je trouve entre la maniere de chanter des italiens, & celle des françois (2). L'occasion que j'ai euë d'en parler chez Madame Mazarin, a plûtôt augmenté que satisfait cette envie. Je la contente aujourd'hui, Mylord, dans le discours que je vous envoye.

Je commencerai par une grande franchise, en vous disant que je n'admire pas fort les comédies en musique, telles que nous les voyons présentement. J'avouë que leur magnificence me plaît assez; que les machines ont quelque chose de surprenant; que la musique

---

(1) *George Villiers, duc de Buckingham, mort en 1687.*
(2) *Pour juger de la difference des opera italiens & françois, voyez Tom. III. le Parallelle des italiens & des françois, en ce qui regarde la musique & les opera, de Mr. l'Abbé Raguenet.*

sique en quelques endroits est touchante, que le tout ensemble paroît merveilleux : mais il faut aussi m'avoüer que ces merveilles deviennent bien-tôt ennuyeuses. Car où l'esprit a si peu à faire, c'est une necessité que les sens viennent à languir. Après le premier plaisir que nous donne la surprise, les yeux s'occupent & se lassent ensuite d'un continuel attachement aux objets. Au commencement des concerts, la justesse des accords est remarquée : il n'échappe rien de toutes les diversités qui s'unissent pour former la douceur de l'harmonie. Quelque tems après les instrumens nous étourdissent : la musique n'est plus aux oreilles qu'un bruit confus, qui ne laisse rien distinguer. Mais qui peut résister à l'ennui du recitatif dans une modulation qui n'a ni le charme du chant, ni la force agreable de la parole ? l'ame fatiguée d'une longue attention où elle ne trouve rien à sentir, cherche en elle-même quelque secret mouvement qui la touche. L'esprit qui s'est prêté vainement aux impressions du dehors, se laisse aller à la rêverie, ou se déplaît dans son inutilité : enfin la lassitude est si grande, qu'on ne songe qu'à sortir ; & le seul plaisir qui reste à des spectateurs languissans, c'est l'esperance de voir finir bien-tôt le spectacle qu'on leur donne.

La langueur ordinaire où je tombe aux opera, vient de ce que je n'en ai jamais vû qui ne m'ait paru méprisable dans la disposition du sujet, & dans les vers. Or c'est vainement que l'oreille est flatée, & que les yeux sont charmés, si l'esprit ne se trouve pas satisfait. Mon ame d'intelligence avec mon esprit plus qu'avec mes sens, forme une résistance secrete aux impressions qu'elle peut recevoir, ou pour le moins elle manque d'y prêter un consentement agréable, sans lequel les objets les plus voluptueux même ne sauroient me donner un grand plaisir. Une sottise chargée de musique, de danses, de machines, de décorations, est une sottise magnifique, mais toûjours sottise ; c'est un vilain fonds sous de beaux dehors, où je penetre avec beaucoup de désagrément.

Il y a une autre chose dans les opera, tellement contre la nature, que mon imagination en est blessée : c'est de faire chanter toute la piéce depuis le commencement jusqu'à la fin, comme si les personnes qu'on représente, s'étoient ridiculement ajustées pour traiter en musique, & les plus communes, & les plus importantes affaires de leur vie. Peut-on s'imaginer qu'un maître appelle son valet, ou qu'il lui donne une commission en chantant : qu'un ami fasse en chantant une confidence à son ami : qu'on délibere en chantant dans un conseil : qu'on exprime avec du chant les ordres qu'on donne, & que mélodieusement on tuë les hommes à coups d'épée & de javelot dans un combat ? C'est perdre l'esprit de la représentation, qui sans doute est préférable à celui de l'harmonie ; car l'harmonie ne doit être qu'un simple accompagnement, & les grands maîtres du théatre l'ont ajoûtée comme agréable, non pas comme necessaire, après avoir reglé tout ce qui regarde le sujet & le discours. Cependant l'idée du musicien va devant celle du héros dans les opera : c'est Luigi, c'est Cavallo, c'est Cesti qui se présentent à l'imagination. L'esprit ne pouvant concevoir un héros qui chante, s'attache à celui qui fait chanter ; & on ne sauroit nier qu'aux représentations du palais royal, on ne songe cent fois plus à Lulli, qu'à Thesée, ni à Cadmus.

Je ne prétens pas néanmoins donner l'exclusion à toutes sortes de chants sur le théatre. Il y a des choses qui doivent être chantées ; il y en a qui peuvent l'être sans choquer la bienséance ni la raison. Les vœux, les prieres, les sacrifices, & generalement tout ce qui regarde le service des dieux, s'est chanté dans toutes les nations & dans tous les tems : les passions tendres & douloureuses s'expriment naturellement par une espece de chant : l'expression d'un amour que l'on sent naître ; l'irrésolution d'une ame combattuë de divers mouvemens, sont des matieres propres pour les stances, & les stances le sont assez pour le chant. Personne n'ignore qu'on avoit introduit des chœurs sur le théatre des grecs ; & il

faut

faut avoüer qu'ils pourroient être introduits avec autant de raison sur les nôtres. Voila quel est le partage du chant, à mon avis. Tout ce qui est de la conversation & la conference ; tout ce qui regarde les intrigues & les affaires; ce qui appartient au conseil & à l'action, est propre aux comédiens qui récitent, & ridicule dans la bouche des musiciens qui le chantent. Les grecs faisoient de belles tragédies, où ils chantoient quelque chose : les italiens & les françois en font de méchantes, où ils chantent tout.

Si vous voulez savoir ce que c'est qu'un opera, je vous dirai que c'est un travail bizarre de poësie & de musique, où le poëte & le musicien également gênés l'un par l'autre, se donnent bien de la peine à faire un méchant ouvrage. Ce n'est pas que vous n'y puissiez trouver des paroles agréables, & de fort beaux airs, mais vous trouverez plus surement à la fin le dégoût des vers où le génie du poëte a esté contraint, & l'ennui du chant où le musicien s'est épuisé dans une trop longue musique. Si je me sentois capable de donner conseil aux honnêtes-gens qui se plaisent au théatre, je leur conseillerois de reprendre le goût de nos belles comédies, où l'on pourroit introduire des danses & de la musique, qui ne nuiroient en rien à la représentation. On y chanteroit un prologue avec des accompagnemens agréables. Dans les intermédes, le chant animeroit

animeroit des paroles qui feroient comme l'efprit de ce qu'on auroit repréfenté. La repréfentation finie, on viendroit à chanter un épilogue, ou quelque reflexion fur les plus grandes beautés de l'ouvrage : on en fortifieroit l'idée ; & feroit conferver plus cherement l'impreffion qu'elles auroient fait fur les fpectateurs. C'eft ainfi que vous trouveriez de quoi fatisfaire les fens & l'efprit, n'ayant plus à défirer le charme du chant dans une pure repréfentation, ni la force de la repréfentation dans la langueur d'une continuelle mufique.

Il me refte encore à vous donner un avis pour toutes les comédies où l'on met du chant ; c'eft de laiffer l'autorité principale au poëte pour la direction de la piece. Il faut que la mufique foit faite pour les vers, bien plus que les vers pour la mufique. C'eft au muficien à fuivre l'ordre du poëte, dont Lulli feul doit être exemt, pour connoître mieux les paffions, & aller plus avant dans le cœur de l'homme que les auteurs. Cambert (1) a fans doute un fort beau

---

(1) *Après que Luigi s'en fut retourné en Italie, Cambert, organifte de St. Honoré, fit un petit opera françois à Iffy, où tout le monde courut. Un fuccès heureux l'attira bien-tôt à Paris, où il fit trois opera réguliers, Pomone; les peines & les plaifirs de l'Amour, & Ariane. L'abbé Perrin compofa les vers de Pomone & d'Ariane, qui furent trouvés très-mauvais. Gilbert fit ceux des peines & des plaifirs de l'Amour ; & Mr. le Marquis de Sourdiat in-*

beau génie, propre à cent musiques différentes, & toutes bien ménagées avec une juste œconomie des voix & des instrumens. Il n'y a point de recitatif mieux entendu, ni mieux varié que le sien : mais pour la nature des passions : pour la qualité des sentimens qu'il faut exprimer, il doit recevoir des auteurs les lumieres que Lulli leur fait donner, & s'assujettir à la direction, quand Lulli, par l'étenduë de sa connoissance, peut être justement leur directeur.

Je ne veux pas finir mon discours sans vous entretenir du peu d'estime qu'ont les italiens pour nos opera, & du grand dégoût que nous donnent ceux d'Italie. Les italiens qui s'attachent tout-à-fait à la représentation, ne sauroient souffrir que nous appellions opera un enchaînement de danses & de musique, qui n'ont pas un rapport bien juste, & une liaison assez naturelle avec les sujets. Les françois accoûtumés à la beauté de leurs ouvertures, à l'agrément de leurs airs, au charme de leurs symphonies,

---

vinta toutes les machines. On n'avoit pas encore representé l'Ariane, lors que Madame de Montespan fit ôter l'opera à Cambert, pour le donner à Lulli : ce qui obligea Cambert à passer en Angleterre, où il est mort maître de la Musique de Charles II. Voyez ci-après la comédie des Opera, Act. II. Sc. III. & la vie de Mr. de St. Evremond sur l'année 1676. où l'on a fait l'histoire de l'établissement des opera en France.

symphonies, souffrent avec peine l'ignorance, ou le méchant usage des instrumens aux opera de Venise, & refusent leur attention à un long recitatif, qui devient ennuyeux par le peu de varieté qui s'y rencontre. Je ne saurois vous dire proprement ce que c'est que leur recitatif ; mais je sai bien que ce n'est ni chanter, ni reciter : c'est une chose qui étoit inconnuë aux anciens, qu'on pourroit définir, un méchant usage du chant & de la parole. J'avouë que j'ai trouvé des choses inimitables dans l'opera de Luigi, & pour l'expression des sentimens, & pour le charme de la musique : mais le recitatif ordinaire ennuyoit beaucoup ; en sorte que les italiens mêmes attendoient avec impatience les beaux endroits qui venoient à leur opinion trop rarement. Je comprendrai les plus grands défauts de nos opera en peu de paroles. On y pense aller à une représentation, & l'on ne représente rien. On y veut voir une comédie, & l'on n'y trouve aucun esprit de la comédie.

Voila ce que j'ai cru pouvoir dire de la differente constitution des opera. Pour la maniere de chanter, que nous appellons en France, execution, je croi sans partialité qu'aucune nation ne sauroit la disputer à la nôtre. Les espagnols ont une disposition de gorge admirable ; mais avec leurs fredons & leurs roulemens, ils semblent ne songer à autre chose dans leur chant, qu'à disputer la facilité du gosier aux rossignols.

rossignols. Les italiens ont l'expression fausse, ou du moins outrée, pour ne connoître pas avec justesse la nature ou le degré des passions. C'est éclater de rire, plûtôt que chanter, lors qu'ils expriment quelque sentiment de joye. S'ils veulent soupirer, on entend des sanglots qui se forment dans la gorge avec violence, non pas des soupirs qui échappent secrettement à la passion d'un cœur amoureux. D'une reflexion douloureuse ils, font les plus fortes exclamations : les larmes de l'absence sont des pleurs de funerailles : le triste devient lugubre dans leurs bouches : ils font des cris au lieu de plaintes dans la douleur ; & quelquefois ils expriment la langueur de la passion comme une défaillance de la nature. Peut-être qu'il y a du changement aujourd'hui dans leur maniere de chanter, & qu'ils ont profité de nôtre commerce pour la propreté d'une exécution polie ; comme nous avons tiré avantage du leur pour les beautés d'une plus grande & plus hardie composition.

J'ai vu des comédies en Angleterre, où il y avoit beaucoup de musique : mais pour en parler discretement, je n'ai pu m'accoûtumer au chant des anglois. Je suis venu trop tard en leur pays, pour pouvoir prendre un goût si different de tout autre. Il n'y a point de nation qui fasse voir plus de courage dans les hommes, & plus de beauté dans les femmes, plus d'esprit dans l'un & dans l'autre sexe. On ne peut pas avoir toutes choses. Où tant de bonnes qualités sont communes, ce n'est pas un si grand mal que le bon-goût y soit rare : il est certain qu'il s'y rencontre assez rarement ; mais les personnes en qui on le trouve l'ont aussi délicat que gens du monde, pour échapper à celui de leur nation par un art exquis, ou par un très-heureux naturel.

Solus gallus cantat : il n'y a que le françois qui chante. Je ne veux pas être injurieux à toutes les autres nations, & soutenir ce qu'un auteur a bien voulu avancer : *Hispanus flet, dolet italus, germanus boat, flander ululat, solus gallus cantat*. Je lui laisse toutes ces belles distinctions, & me contente d'appuyer mon sentiment de l'autorité de Luigi, qui ne pouvoit souffrir que les italiens chantassent ses airs, après les avoir ouï chanter à Nyvert, à Hilaire, à la petite la Varenne. A son retour en Italie, il se rendit tous les musiciens de sa nation ennemis, disant hautement à Rome, comme il avoit dit à Paris, que pour rendre une musique agréable, il falloit des airs italiens dans la bouche des françois. Il faisoit peu de cas de nos chansons, excepté de celles de Boisset, qui attirent son admiration. Il admira le concert de nos violons : il admira nos luths, nos clavessins, nos orgues ; & quel charme n'eût-il pas trouvé à nos flutes, si elles avoient été en usage en ce tems-là ? Ce qui est certain, c'est qu'il demeura fort rebuté de la

rudesse

rudesse & de la dureté des plus grands maîtres d'Italie, quand il eut goûté la tendresse du toucher, & la propreté de la maniere de nos françois.

Je serois trop partial, si je ne parlois que de nos avantages. Il n'y a guere de gens qui ayent la compréhension plus lente, & pour le sens des paroles, & pour entrer dans l'esprit du compositeur, que les françois : il y en a peu qui entendent moins la quantité ; & qui trouvent avec tant de peine la prononciation ; mais après qu'une longue étude leur a fait surmonter toutes ces difficultés, & qu'ils viennent à posseder bien ce qu'ils chantent, rien n'approche de leur agrément. Il nous arrive la même chose sur les instrumens, & particulierement dans les concerts, où rien n'est bien sûr, ni bien juste, qu'après une infinité de répétitions ; mais rien de si propre & de si poli, quand les répétitions sont achevées. Les italiens profonds en musique nous portent leur science aux oreilles sans aucune douceur : les françois ne se contentent pas d'ôter à la science la premiere rudesse, qui sent le travail de la composition ; ils trouvent dans le secret de l'exécution, comme un charme pour notre ame, & je ne sai quoi de touchant, qu'ils savent porter jusques au cœur.

J'oubliois à vous parler des machines, tant il est facile d'oublier les choses qu'on voudroit qui fussent retranchées. Les machines pourront satisfaire la curiosité des gens ingénieux pour des inventions de mathématiques ; mais elles ne plairont guere au théatre à des personnes de bon goût. Plus elles surprennent, plus elles divertissent l'esprit de son attention au discours ; & plus elles sont admirables, & moins l'impression de ce merveilleux laisse à l'ame de tendresse, & du sentiment exquis dont elle a besoin pour être touchée du charme de la musique. Les anciens ne se servoient de machines que dans la necessité de faire venir quelque dieu ; encore les poëtes étoient-ils trouvés presque toûjours ridicules de s'être laissé réduire à cette necessité-là. Si l'on veut faire de la dépense, qu'on la fasse pour les belles décorations, dont l'usage est plus naturel & plus agréable que n'est celui des machines. L'antiquité, qui exposoit des dieux à ses portes, & jusques à ses foyers ; cette antiquité, dis-je, toute vaine & crédule qu'elle étoit, n'en exposa néanmoins que fort rarement sur le théatre. Après que la créance en a été perduë, les italiens ont rétabli en leurs opera des dieux éteints dans le monde, & n'ont pas craint d'occuper les hommes de ces vanités ridicules, pourvû qu'ils donnassent à leurs piéces un plus grand éclat par l'introduction de cet éblouïssant & faux merveilleux. Ces divinités de théatre ont abusé assez long-tems l'Italie. Détrompée heureusement à la fin, on la voit renoncer à ces mêmes dieux qu'elle avoit rappellés,

pellés, & revenir à des choses qui n'ont pas véritablement la derniere justesse, mais qui sont moins fabuleuses, & que le bon sens avec un peu d'indulgence ne rejette pas.

Il nous est arrivé au sujet des dieux & des machines, ce qui arrive presque toûjours aux allemans sur nos modes. Nous venons de prendre ce que les italiens abandonnent, comme si nous voulions réparer la faute d'avoir été prévenus dans l'invention, nous poussons jusqu'à l'excès un usage qu'ils avoient introduit mal-à-propos; mais qu'ils ont ménagé avec retenuë. En effet, nous couvrons la terre de divinités, & les faisons danser par troupes, au lieu qu'ils les faisoient descendre avec quelque sorte de ménagement aux occasions les plus importantes. Comme l'Arioste avoit outré le merveilleux des poëmes par le fabuleux incroyable, nous outrons le fabuleux par un assemblage confus de dieux, de bergers, de héros, d'enchanteurs, de fantômes, de furies, de démons. J'admire Lulli aussi-bien pour la direction des danses, qu'en ce qui touche les voix & les instrumens: mais la construction de nos opera doit paroître bien extravagante à ceux qui ont le bon goût du vrai-semblable & du merveilleux.

Cependant on court hazard de se décrier par ce bon goût, si on ose le faire paroître; & je conseille aux autres, quand on parle devant eux de l'opera, de se faire à eux-mêmes un secret

cret de leurs lumieres. Pour moi qui ai passé l'âge & le tems de me signaler dans le monde par l'esprit des modes, & par le mérite des fantaisies, je me résous de prendre le parti du bon sens, tout abandonné qu'il est, & de suivre la raison dans sa disgrace, avec autant d'attachement, que si elle avoit encore sa premiere considération. Ce qui me fâche le plus de l'entêtement où l'on est pour l'opera, c'est qu'il va ruiner la tragédie, qui est la plus belle chose que nous ayions; la plus propre à élever l'ame; & la plus capable de former l'esprit.

Concluons après un si long discours, que la construction de nos opera ne sauroit être guere plus défectueuse; mais il faut avoüer en même tems que personne ne travaillera si bien que Lulli sur un sujet mal conçû; & qu'il est difficile de faire mieux que Quinault, en ce qu'on exige de lui.

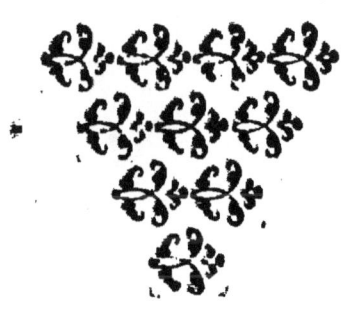

LES
OPERA,
COMEDIE.

ACTEURS.

Mr. Crisard, Conseiller au Présidial de Lion.

Me. Crisard sa femme.

Mademoiselle Crisotine leur fille, devenuë folle par la lecture des opera.

Tirsolet, jeune homme de Lion, devenu fou par la lecture des opera comme elle.

Mr. de Montifas, Baron de Pourgeolette, cousin de Me. Crisard.

Mr. Guillaut, Medecin celebre à Lion, & homme d'esprit.

Mr. Millaut, Théologal de Lion.

Perrette, gouvernante de la maison de Mr Crisard.

Gilotin, vieux valet de Mr. de Montifas.

La Scene est à Lion, dans la maison de Mr. Crisard.

LES OPERA,
COMEDIE.

ACTE PREMIER.

SCENE PREMIERE.

Mr. CRISARD *revenant du palais*, PERRETTE.

Mr. CRISARD.

Hola ho; Perrette?

PERRETTE.

Que vous plaît-il, Monsieur?

Mr. CRISARD.

Prenez ma robe; nettoyez-la; pliez-la, &

la mettez dans un coffre, où elle demeurera jusqu'après les fêtes.

PERRETTE.

Voila une robe qui nous donne bien plus peine que de profit. Donnez-la cette belle robe, que je la mette sous la clef.

Mr. CRISARD.

Perrette, Perrette, parlez mieux d'un vêtement qui fait la décence de ma personne, & qui se peut dire une marque auguste de ma profession. Vous parlez contre vous-même. Nôtre robe n'est pas si peu de chose, qu'elle ne fasse tomber quelque distinction sur ceux qui nous servent. Vous êtes regardée d'un autre œil dans Lion, qu'on ne regarde les servantes des marchands, Perrette.

PERRETTE.

Monsieur Crisard, mon maître, c'est une belle chose que d'être juge : mais ma tante Jacqueline gagnoit plus d'argent en huit jours avec vôtre pere Monsieur Tourteau, gros & riche marchand de Lion, que je n'en gagne en six mois avec son fils, Monsieur Crisard le Conseiller. On ne sai ce que c'est que d'étrênes chez vous, il n'y a point de procès à Lion.

Mr. CRISARD.

Si tu avois été au palais ce matin, tu changerois bien d'avis, Perrette. Il ne s'est jamais
vuidé

vuide une si belle affaire, que celle que j'ai emportée. L'honneur n'en est dû qu'à moi ; & j'espere que les étrênes iront mieux. Une gloire si grande ne doit pas être celée à la famille. Appelle Madame Crisard, que je lui conte comment cela s'est passé.

SCENE II.

PERRETTE, Me. CRISARD.

PERRETTE *sortant rencontre sa maîtresse.*

Madame, Monsieur est revenu du palais avec une face toute joyeuse. Il desire de vous parler, & c'est sans doute pour vous faire part de son contentement.

Me. CRISARD.

Où est-il, Perrette ?

PERRETTE.

A la salle.

Me. CRISARD.

Allons le trouver.

SCENE III.

Mr. CRISARD, Me. CRISARD, PERRETTE.

Mr. CRISARD.

MA Toute, j'avois une grande impatience de te revoir.

Me. CRISARD.

Tu nous as fait attendre bien tard, mon Tou-tou.

Mr. CRISARD.

Je m'étonne que je fois sorti du palais de si bonne heure. L'affaire que nous avions pouvoit bien nous y retenir jusques au soir. Comme les chagrins qu'on trouve au palais se répandent bien souvent sur la famille, les satisfactions qu'on y reçoit doivent être aussi communiquées. Qu'on appelle Crisotine, je veux faire part de ma gloire à toute ma maison.

PERRETTE.

Bonne-foi, Crisotine a bien d'autres choses en tête que vos affaires du palais. Vous pouvez les conter sans elle dès qu'il vous plaira.

Mᴇ. CRISARD.

Ce ne font pas des chofes qui conviennent trop à fon âge : mais il me femble pourtant que Crifotine eft affez avancée, & qu'elle a l'efprit affez mur.

PERRETTE.

Dieu veuille que le corps ne le foit pas plus que l'efprit. Il y a un certain Monfieur Tirfolet, l'un de nos penons de Bellecour, qui pourroit bien la trouver plus mure que vous ne penfez.

Mʀ. CRISARD.

N'eft-ce pas ce jeune homme qui lui faifoit lire les Aftrées, & ne l'entretenoit jamais que de la riviere de Lignon ? Cela eft dangereux pour les jeunes efprits ; & je t'avouërai, ma toute, que ces entretiens-là m'ont donné beaucoup d'appréhenfion. Je craignois qu'il ne lui mît dans la tête la fantaifie d'être bergere, & qu'il ne la menât un beau jour au païs de Forêts.

Mᴇ. CRISARD.

Ah ! Monfieur, vous ne deviez pas avoir cette opinion-là de vôtre fille : il n'y en eut jamais une fi bien née.

PERRETTE.

Ce-mon. Ma foi, vous vous y connoiffez : Je vous le redis pour la décharge de ma confcience ;

science. Monsieur Tirsolet ne me plaît pas. Ils ne font que chanter & bâller ensemble. Crisotine dit qu'elle est Hermigeone, & Tirsolet qu'il est Camus.

Mr. CRISARD.

C'est Hermione & Cadmus, Perrette.

PERRETTE.

Hermigeonne ; ou, Hermione, c'est de quoi Perrette ne se soucie pas. Après cela ils se font des adieux en chantant & en pleurant, comme s'ils ne devoient jamais se revoir : mais je ne m'y connois point, ou ils ne se quitteront pas si-tôt, à moins qu'on ne les sepáre.

Me. CRISARD.

Prenez garde à ce que vous dites, Perrette. Crisotine aura eu quelque petite rudesse pour vous, qui vous fait parler ainsi par vengeance. Quand j'étois auprès de ma tante de Montifas, mere de mon cousin le baron de Pourgeolette, on m'avoit donné une servante de votre humeur, qui me broüilla avec ma tante, & faillit à me faire bien du tort, parce que j'aimois la compagnie d'un jeune gentilhomme, qui me recherchoit en tout bien & en tout honneur ; mais secretement, pour connoître un peu nos humeurs avant que de faire aucune déclaration.

PERRETTE.

Et comment avoit nom vôtre servante, Madame ?

Me. CRISARD.

Elle avoit nom Susanne.

PERRETTE.

Ma foi, Madame, vous avez raison. Susanne ressembloit fort à Perrette : mais n'en parlons plus ; je m'en vais appeller Crisotine.

SCENE IV.

PERRETTE, CRISOTINE, Mr. CRISARD, Me. CRISARD.

PERRETTE.

Crisotine, Monsieur vôtre pere vous demande.

CRISOTINE *parle en vers, & tous les vers se chantent.*

Ah ! que tu viens mal-à-propos
Troubler mon innocent repos.

PERRETTE.

Il n'est pas tems de chanter ; je vous dis qu'on vous demande.

CRISOTINE.

Je m'en irai seulète ;
Cherche qui te suivra :
Es-tu bien satisfaite,
Inhumaine Perrette,
De m'avoir fait quitter les airs de l'opera ?

PERRETTE.

Monsieur, je n'y entens plus rien. Vôtre fille ne parle, & ne répond qu'en chantant. Elle est folle, ou pour le moins elle se moque de vous & de moi.

CRISOTINE *à son pere & à sa mere.*

Je viens en fille obéïssante
Recevoir vos commandemens,
Et me plaindre d'une servante,
Qui m'interrompt à tous momens,
Et ne souffre pas que je chante
D'Hermione & Cadmus les tendres sentimens.

Mr. CRISARD.

Crisotine, je suis bien fâché de voir que Perrette a tant de raison contre vous. J'avois crains l'extravagance des romans & des bergeries ; nous tombons dans celle des opera, où je ne m'attendois pas. Le mal n'est pas encore si grand, qu'il ne se puisse guérir. Parlez comme les autres, Crisotine, ou je donnerai tel arrêt contre les opera, qu'il n'en sera jamais parlé dans le ressort de ma jurisdiction.

CRISOTINE.

A quelle injuste violence
Se porteroit vôtre courroux !
Pere, Baptiste, opera, ma naissance,
Me faudra-t'il décider entre vous ?

Mr. CRISARD.

Comment, miserable, vous êtes partagée entre Baptiste & vôtre pere ? quel déreglement d'esprit ? quelle corruption de mœurs ? vous aviez raison, Madame Crisard, de vouloir justifier vôtre fille.

CRISOTINE.

O douce mere !
Rigoureux pere !
Cadmus ! pauvre Cadmus !
Je ne vous verrai plus.

Mr. CRISARD.

Il n'y a qu'un mot, Crisotine : ou vous ne chanterez plus, ou vous sortirez de ma maison.

CRISOTINE.

Je vous suivrai, Cadmus, je veux vous suivre,
Alceste ;
Thesée est en peril, on ne le quitte pas :
De vos héros, Lulli, je suivrai tout le reste.

Mr. CRISARD.

Voulez-vous aller contre le commandement de vôtre pere ? A quoi songez-vous ?

GRISOTINE.

Je ne les suivrai point, vous arrêtez mes pas.

Mr. CRISARD.

C'est déja là un commencement de raison ; tou-tou.

Mr. CRISARD.

C'en est un commencement ; mais bien foible. Dieu veuille qu'il soit suivi.

Mr. CRISARD.

Ma fille, obéïssez, & ne chantez plus.

CRISOTINE.

Je le ferai, si je puis........
    Il seroit plus doux de se taire,
    Que parler comme le vulgaire.

Mr. CRISARD.

Crisotine : encore ?

CRISOTINE.

Je ne chanterai plus, & vous plaît-il de m'entendre ?

Mr. CRISARD.

Nous ne manquerons pas d'attention. Parlez.

CRISOTINE.

Vous m'avez toûjours élevé dans des manieres si éloignées de celle des bourgeois, que vous ne devez pas trouver étrange que je suive le plûtôt qu'il m'est possible celles de la cour. Je vous apprens, mon pere, que depuis le dernier opera, il n'y a pas un homme de condition qui parle autrement qu'en chantant. Quand on se rencontre le matin, ce seroit une incivilité grossiere que de ne se pas saluer avec du chant :

Comment, Monsieur, vous portez-vous ?
on répond :

Je me porte à vôtre service.
Si on fait une partie pour l'après-dîné :

Après-dîné, que ferons-nous ?
on peut répondre :

Allons voir la belle Clarice.
& cela se chante naturellement, comme on fait à l'opera, quand on s'entretient de choses indifferentes. Si on donne une commission à un valet, on ne manque pas de la mettre en chant aussi-bien que le salut. Par exemple, on appelle des valets :

Hola-ho ! La Pierre, Picard :
Ho : La Verdure, la Montagne :
Que quelqu'un aille de ma part
Trouver mon frere à la campagne,
Pour savoir s'il fait le dessein
De venir en ville demain.

Les discours les plus ordinaires se chantent à peu près ainsi, & l'on ne sait plus ce que c'est parmi les honnêtes-gens de parler autrement qu'en musique.

R 2

Mr. CRISARD.

Les gens de qualité chantent-ils, quand ils sont avec les Dames ?

CRISOTINE.

S'ils chantent ! s'ils chantent ! c'est dommage qu'un homme du monde voulût entretenir une compagnie avec la pure & simple parole, comme on faisoit autrefois ; on le traiteroit bien d'homme du vieux tems : les laquais se moqueroient de lui.

Mr. CRISARD.

Et dans la ville.

CRISOTINE.

Je vous dirai. Tous les gens un peu considerables font comme les gens de la cour. Il n'y a plus qu'à la ruë saint Denis, à la ruë saint Honoré, & sur le pont Nôtre-Dame, où la vieille coûtume se pratique encore : l'on y vend, & l'on y achete sans chanter. Chez Gautier, à l'Orangerie ; chez tous les marchands qui fournissent les Dames d'étoffes, de galanteries, de bijoux, tout se chante ; & si les marchands qui suivent la cour, ne chantoient pas, on confisqueroit leurs marchandises. On dit qu'il y a un grand ordre pour cela. On ne fait plus de Prevôt des marchands qui ne sache la musique, & que Monsieur Lulli n'examine, pour voir s'il est capable de connoître & de faire observer les regles du chant,

Me. CRISARD.

Et bien, tou-tou, n'avois-je pas raison de n'être pas si fort en colere contre vôtre fille ? Si cela est, comme je n'en doute point, n'est-elle pas bien fondée.

Mr. CRISARD.

Si cela est vrai, je suis au desespoir d'avoir été prévenu par ma fille ; car j'ai toûjours été curieux des belles modes de la cour. Il y a dix-huit ans que je porte la robe, & que je m'habille dans toute la décence que peut demander ma profession : mais auparavant, qui est-ce qui avoit les modes à Lion plûtôt que moi ? Est-ce que je n'ai pas été le premier à porter les chausses à la candale ? Tant qu'on a porté des canons, qui a poussé plus loin la décoration de la jambe ? Au lieu de chausses à la Candale, j'ai présentement des paragraphes dans la tête, & je referois le Code & le Digeste, s'ils étoient brûlés. Concluez de tout cela, Crisotine, que si on parle à la cour, comme à l'opera, je serai le premier à en introduire l'usage dans nôtre chambre. J'aurai bien-tôt appris assez de musique pour cela. Mais si vous vous êtes trompée, il faut quitter vôtre entêtement, & ne pas entretenir une folie qui vous rendroit ridicule à tout le monde. Voila une affaire vuidée ; un peu d'attention : écoutez celle que j'ai emporté glorieusement ce matin.

Connoissez-vous Monsieur Guillaut, nôtre Medecin celebre ?

Me. CRISARD.

Je ne connois autre.

Mr. CRISARD.

Et Monsieur Millaut, nôtre Théologal?

Me. CRISARD.

Autant que Monsieur Guillaut.

Mr. CRISARD.

Il y a environ six mois que Monsieur Guillaut tomba dangereusement malade, & à telle extrémité, qu'il envoya querir Monsieur le Théologal, son bon ami, pour prendre congé de ce monde entre ses mains, & se préparer à l'autre. Monsieur Millaut arrivé, lui tint ce petit discours : » J'ai toûjours compté sur mes » amis, pour le commerce de cette vie, & je » suis bien fâché de vous voir en état de me » faire prendre d'autres mesures : mais il faut » servir ses amis en toutes choses. En quelle » assiette est vôtre ame présentement, Mon- » sieur Guillaut, mon ami ? En assez bonne, » répondit Guillaut, si elle n'étoit pas inquie- » tée d'une chose qui trouble un peu son re- » pos : c'est, Monsieur le Théologal, d'avoir » abusé le peuple trente ans durant dans la » profession & l'exercice d'une science où je » ne croyois point. Scrupule d'un homme af-
foibli

foiblir par la maladie ! reprit le Théologal : « chacun fait son métier, & n'en répond pas. « Je suis Théologal il y a vingt ans, & ne suis « pas plus assuré de ma théologie, que vous de « vôtre medecine : cependant je n'en ai pas le « moindre scrupule ; car, comme j'ai dit, « chacun fait sa profession. » La chose fut suë de quelques particuliers, qui la donnerent bien-tôt au public ; & là-dessus on a formé une accusation grave & importante contre ces Messieurs. C'est ce qui nous a occupés tout le matin.

Me. CRISARD.

Je ne doute point que vous n'ayez fait ce que vous avez pu pour les servir ; car ils ont toûjours été de vos amis.

PERRETTE.

Jusques-là, Monsieur, je ne voi rien qui puisse rendre mes étrênes meilleures.

Mr. CRISARD.

Attendez, Perrette, tout ira mieux.

CRISOTINE.

Respect, cruel respect, qui faites mon silence,
Quand je dois par mon chant animer des amours,
Pourquoi m'imposez-vous la dure obéïssance
De ne chanter jamais, & d'écouter toûjours ?

Mr. CRISARD.

Quoi ! vous chantez encore ? & dans le
tems

tems que je vous conte la plus glorieuse action de ma vie.

Me. CRISARD.

Elle ne chantera plus, Monsieur. Pour l'amour de Dieu, n'y prenez pas garde, & achevez.

Mr. CRISARD.

Le Conseiller Patras, homme de grand esprit, & mon concurrent ordinaire en toutoutes choses ; le Conseiller Patras étoit fort contraire à mes amis, & je ne craindrai pas d'avoüer ici que j'ai été assez incommodé de ses raisons : mais j'ai cité tant de loix & de coûtumes, qu'il ne savoit que faire de son esprit, pour être accablé de la multitude de mes allégations. Néanmoins l'assemblée demeuroit encore suspenduë entre la force de ses raisons, & le poids de mes autorités, quand je me suis rendu maître des affections par un discours pathétique, sur le sujet de Monsieur Millaut.

» Quoi donc, Messieurs, ai-je dit, ferons-
» nous l'injustice & la violence à Monsieur
» Millaut, nôtre concitoyen & nôtre Théo-
» logal, de le tirer d'une possession où sont ses
» pareils depuis quatre mille années ? Que
» nous a-t-il fait, pour le rendre de pire con-
» dition que n'ont été ceux de son métier
» chez tous les peuples ? Les prêtres de Del-
» phes étoient fourbes, & n'en étoient pas
moins

moins honorés de tout le monde. Les sa- «
crificateurs avoient les mêmes fourberies «
chez les grecs, & on avoit pour eux la mê- «
me véneration. Les Pontifes, les Aruspices, «
les Augures ont abusé les romains, & les «
romains les ont respectés. La plûpart des «
Rabbins ont eu les mêmes talens chez les «
Juifs, en vertu de quoi ils ont joüi de sem- «
blables avantages. Et nôtre compatriote, «
Monsieur Millaut, qui pensoit vivre sous «
la douce & paisible autorité de son caracte- «
re, avec un plein droit de faire ce qu'ont «
fait tant d'autres ; & Monsieur Millaut, «
nôtre savant & illustre Théologal, se verra «
deshonoré ; se verra ruiné ; se verra perdu ; «
& par qui, Messieurs ? par ses concitoyens «
& par ses amis. *O tempora ! O mores !* C'est «
donc là, grand Théologal, la recompense «
de vos travaux ; c'est donc là le fruit de vos «
veilles ! «

Me. CRISARD.

Monsieur Crisard, je ne m'étonne point que vous ayez emporté l'affaire, quel juge auroit pû tenir contre vous ?

PERRETTE.

Bonne-foi, cela étoit beau, je commence à mieux esperer de mes étrênes.

Mr. CRISARD.

Ce n'est pas encore tout ; voici un trait de l'anl'ancienne éloquence, qui fit les dernieres impressions.

Me. CRISARD.

Et quel étoit ce trait, Monsieur Crisard?

Mr. CRISARD.

Je me suis adressé aux murailles de nos écoles, & aux chaires de nos Eglises, pour les faire parler en faveur de Monsieur Millaut.

PERRETTE.

Il fait bon vivre, on apprend toûjours quelque chose. Je croyois que les Prédicateurs parloient toûjours dans les chaires, & n'aurois jamais cru que les chaires eussent parlé pour les Prédicateurs.

Mr. CRISARD.

C'est une figure de rhétorique, & des plus belles. Voyez comment je m'en suis servi, & comprenez-en la force.

PERRETTE.

Je meurs d'envie de voir cette figure, qui fait parler les murailles.

Me. CRISARD.

Perrette n'entend pas ce que c'est d'une éloquence : mais poursuivez, Monsieur, je vous prie.

Mr. CRISARD.

» Prenez des langues, murailles des écoles
où

« où Monsieur le Théologal a enseigné si sa-
« vamment & si utilement : prenez des voix,
« chaires, où il a monté pour faire entendre
« la sienne avec l'admiration de ses auditeurs :
« paroissez, paroissez devant ses juges, inspi-
« rées de son esprit, & apportez pour sa dé-
« fense les raisons que vous lui avez oüi don-
« ner pour nôtre instruction. Quelque sour-
« des que vous soyez, il se sera fait entendre ;
« quelque insensibles qu'on vous croye, il au-
« ra su vous animer. Il peut bien être, Mes-
« sieurs, il peut bien être que Monsieur Mil-
« laut sera damné parce qu'il croit : mais c'est
« son affaire, & non pas la nôtre. Il nous sau-
« ve, Messieurs, parce qu'il enseigne, & par-
« ce qu'il prêche ; voila le vrai mérite d'un
« Théologal : il fait sa damnation & nôtre sa-
« lut ; nous avons sujet d'être contens. Pour
« Monsieur Guillaut le medecin, je ne pren-
« drai pas la peine de le justifier. La medecine
« est une science de conjectures, où le mede-
« cin peut bien ne croire pas trop lui-même ;
« & Mayerne, ce grand medecin, disoit or-
« dinairement, que la forfanterie étoit la plus
« sûre partie de la medecine. » Là, toute l'assemblée se tourna de mon côté, & l'on vit
Patras, le grand Patras, donner du nez en
terre avec ses raisons. Ainsi, ma toute, j'ai
conservé glorieusement un medecin qui ne
croit pas à la medecine, & un théologal qui
ne croit pas davantage à la théologie.

CRISOTINE.

Ah ! mon pere, que n'aviez vous lû la comédie de Psyché, ou l'opera de Cadmus : vous eussiez bien envoyé paître Monsieur Millaut avec sa théologie, pour rétablir les sacrificateurs. O la belle & dévote chose qu'un sacrifice d'Apollon, ou de Mars !

O dieux, ô Dieux ! quand est-ce qu'on verra
Vôtre culte partout, ainsi qu'à l'opera ?

Mr. CRISARD.

Vous n'êtes pas seulement folle, ma fille, vous êtes idolâtre.

CRISOTINE.

Je ferai tout ce qu'il vous plaira, mon pere ; mais je sai bien que vous seriez pour les dieux, aussi bien que moi, si vous aviez lû tous les opera de Baptiste.

Mr. CRISARD.

Allez à vôtre chambre, insensée que vous êtes. Perrette, ne l'abandonnez pas.

Fin du premier Acte.

ACTE

ACTE II.

SCENE PREMIERE.

Mr. CRISARD, Me. CRISARD.

Mr. CRISARD.

C'EN est fait, ma femme, vôtre fille est perduë ; & sa perte, vôtre indulgence l'a causée.

Me. CRISARD.

Ah ! Monsieur, n'ai-je pas assez d'affliction du malheur de ma fille, sans que vous m'accusiez d'en être la cause.

Mr. CRISARD.

Et qui en accuserai-je donc, Perrette ? Perrette, qui nous a si bien avertis de toutes les folies où elle étoit prête de tomber.

Me. CRISARD.

La contradiction de Perrette à ses jeunes fantaisies, n'a fait autre chose que de l'y faire opiniâtrer davantage.

Me.

Mr. CRISARD.

Je vous prie, n'accusons pas les innocens.

Me. CRISARD.

A vôtre compte, je suis la seule coupable.

Mr. CRISARD.

Mon compte est bon, ma femme, & trop bon.

Me. CRISARD.

Que pouvez-vous me reprocher : qu'ai-je fait, pour mettre la pauvre fille dans l'état où elle est ?

Mr. CRISARD.

Qu'avez-vous fait ! Et qui a rien fait que vous ? N'est-ce pas vous qui lui avez fourni tous ses romans, & ses autres livres d'amourettes ? N'est-ce pas vous qui l'avez habillée cent fois en bergere, avec ce beau penon de Tirsolet ? Parbieu, vous m'avez fait plus de dépense en houlettes, que ne valent mes gages de Conseiller. On n'a pas représenté un opera dans Paris, que vous n'ayez fait venir ; & je suis trompé, ou le dernier est venu par la poste. Je le devine au compte de mon argent ; ce que je ne dis pas pour vous le reprocher ; mais enfin, ma femme, toutes ces dépenses-là ont abouti à rendre ma fille folle.

Me. CRISARD.

Oh bien, il faut qu'elle paye sa folie : quoique je n'aye qu'elle, & qu'il me fâche fort de voir aller nôtre bien à d'autres qu'à nos enfans, je consentirai qu'elle soit religieuse.

Mr. CRISARD.

Je hai les collateraux plus que personne. Ce sont des heritiers que la nature ne nous a pas donnés, & que nous ne nous sommes pas faits. Dieu sait le plaisir que j'aurois à me choisir un gendre : ce seroit une espece d'adoption, & j'aime tout ce qui tient un peu du droit romain : mais en l'état qu'est ma fille, on ne sauroit qu'en faire. Plût à Dieu qu'elle fût dans un convent !

Me. CRISARD.

Qui peut empêcher qu'elle ne soit dans un convent ? Deux mille francs de plus la feront recevoir par tout : on se battra dans les religions à qui l'aura.

Mr. CRISARD.

Et Crisotine se battra pour n'y aller pas. Il faut autre chose qu'un crucifix pour époux à Crisotine. Voyez-vous, ma femme, tous ces opera-là aboutissent à donner une grande envie d'opeïer.

Me.

Mᴇ. CRISARD.

J'entens ce que vous voulez dire par operer: mais jamais fille qui ait appartenu à la race des Montifas au dixiéme degré, n'a eu de penchant à de telles operations. Ah ! Monsieur, cela est trop désobligeant. Je souffre que vous supportiez Perrette contre vôtre fille & contre moi : mais en ce qui regarde l'honneur, je ne souffre de personne ; non plus d'un mari, que d'un autre.

Mʀ. CRISARD.

Je demande pardon à la race des Montifas, & revenons à nos convens. Croyez-vous qu'il y ait un convent au monde qui reçoive Crisotine, ou qui ne la mette dehors, si elle y est reçûë ? Quand les religieuses chanteront matines, elle chantera l'opera ; quand elles prieront la Vierge, elle invoquera Venus ; & quand le chapelain dira la messe pour les bonnes sœurs, elle ne parlera que de la beauté des sacrifices. On la mettra dehors, ma femme, on la mettra dehors ; & nous serons obligés de la reprendre, aussi folle au sortir du monastere, qu'elle peut l'être aujourd'hui dans la maison. Mais appellons Perrette ; & sachons d'elle en quel état est Crisotine.

Mᴇ. CRISARD.

C'est la moindre curiosité qu'on puisse avoir.

Mr. CRISARD.

Perrette, vien-ça, vien un peu discourir avec nous.

SCENE II.

Mr. CRISARD, Me. CRISARD, PERRETTE.

Mr. CRISARD.

EN quel état as-tu laissé nôtre petite payenne?

PERRETTE.

Elle ne fut jamais si aise en sa vie.

Me. CRISARD.

Je me doutois bien que ses imaginations ne dureroient pas long-temps.

PERRETTE.

Bonne-foi, elle seroit bien fâchée de ne les avoir plus. Elle y prend trop de plaisir: Je viens de la laisser avec une douzaine de dieux, qui dansent comme des perdus; & ce n'est pas tout : il y en a d'autres qui descendent ; il y en a qui montent : il y en a à droite & à gauche, devant, derriere ; tout en est plein. Je lui ai dit nettement : Mademoiselle, je ne sai

comment cela se fait ; car nôtre Curé au sermon, & son Vicaire au catechisme, nous ont toûjours dit qu'il n'y en avoit qu'un. » Ils
» avoient raison autrefois, Perrette, m'a-t-
» elle répondu : mais depuis les opera, les
» choses ont bien changé. Je ne puis pas t'en
» dire davantage; aussi-bien cela te passe : net-
» toye la robe de ton maître, c'est assez pour
» toi.

Mr. CRISARD.

Ma femme, il n'y a pas de tems à perdre : il faut declarer la folie de nôtre fille.

Me. CRISARD.

Ah ! Monsieur, vous voulez vous défaire de vôtre fille & de vôtre femme en même tems. J'aime autant mourir, que de voir déclarer ma fille folle.

Mr. CRISARD.

Et moi, je ne veux pas me perdre. Après avoir sauvé le Théologal, accusé de ne croire pas trop en Dieu, je me ferois une bonne affaire de garder dans ma maison une fille qui en croit cent. J'ai du bien, des envieux, & des ennemis, je dois prendre garde à moi. Ma fille est folle, & parbieu on la connoîtra pour folle : cela me garantira de tout.

Me. CRISARD.

Helas ! je pensois la marier avec le baron de Montifas, qui est noble comme le Roi, &

vaillant

vaillant comme son épée : s'il vient à savoir sa folie, il n'en voudra pas. Au nom de Dieu, mon tou-tou, differe la chose pour quelques jours : je connois la cervelle de ma fille ; elle ne peut pas être affligée long-tems.

Mr. CRISARD.

Nous sommes bien au tems des tou-tou. Voici une affaire où il y va de nôtre perte : songeons à y remedier. Perrette, tu as du sens, di-moi ce que je dois faire en cette occasion ?

PERRETTE.

Moi ! Monsieur ? je la ferois traiter par quelque bon medecin ; car peut-être que sa cervelle n'a qu'une contusion qui se peut guerir. Si les remedes n'y font rien, ma-foi je ne marchanderois pas à déclarer sa folie : mais je voudrois avoir essayé la voye du medecin auparavant.

Mr. CRISARD.

Je suivrai ton avis, & sui le mien : va voir ce que fait Crisotine, si elle s'endort, ou si elle passe dans sa garde-robe, enleve promptement tous les opera qu'elle peut avoir dans sa chambre. Ils ont causé la maladie, & je crains qu'ils ne l'entretiennent, tant qu'elle les aura. Apporte tout ; c'est par là qu'il faut commencer : mais n'est-ce pas là Monsieur Guillaut, mon bon ami ? c'est lui-même ; il ne pouvoit pas venir plus à propos. Il est homme d'esprit, & fort capable de me servir dans l'affaire de ma fille.

SCENE III.

Mr. GUILLAUT, Mr. CRISARD.

Mr. GUILLAUT.

Monsieur, je suis venu vous remercier très-humblement du service que vous m'avez rendu. Mon innocence pourroit me le faire appeller justice ; mais je le reçois comme une grace, & veux bien devoir plus à mon ami, qu'à mon juge.

Mr. CRISARD.

Je vous ai défendu de la persécution par justice, & un sentiment d'amitié m'a donné de la chaleur pour la défense : mais, Monsieur, je vous demande un service à mon tour. J'ai besoin de vous dans vôtre Profession, comme vous avez eu besoin de moi dans la mienne.

Mr. GUILLAUT.

Vous n'avez qu'à ordonner. Mon art n'est pas infaillible, & vous l'avez su très-bien remarquer en ma faveur : on ne laisse pas néanmoins d'y trouver quelquefois de grands secours. Je souhaite que vous, ni les vôtres n'en ayez jamais besoin : s'il arrivoit pourtant que vous eussiez affaire de gens de nôtre métier, il n'y en a point, Monsieur, qui employât ses soins avec tant de zele que j'employerois les miens pour vous servir.

Mr. CRISARD.

Ce n'est pas moi qui en ai besoin, Monsieur Guillaut. Je me porte, Dieu merci, fort bien ; mais, pour ne vous pas tenir davantage en suspens, ma fille Crisotine, que vous connoissez, ce gentil esprit, cette douce musicienne ; je le tranche tout net, ma fille est folle.

Mr. GUILLAUT.

C'est quelque petite altération d'esprit, causée par un insomnie.

Mr. CRISARD.

Point du tout.

Mr. GUILLAUT.

Par quelque vapeur,

Mr. CRISARD.

Encore moins.

Mr. GUILLAUT.

Par quelque passion honnête, mais trop forte.

Mr. CRISARD.

Rien de tout cela. Elle est folle de la plus étrange folie que l'on puisse imaginer.

Mr. GUILLAUT.

N'est-ce point quelque folie qui lui soit venuë de la lecture des romans ? Les romans gâtent assez souvent l'esprit des jeunes personnes.

Mr. CRISARD.

Je ne voudrois pas dire qu'ils n'y eussent quelque part : mais c'est la moindre. Les opera, Monsieur Guillaut, lui ont tourné la cervelle. Ce chant, ces danses, ces machines, ces dragons, ces héros, ces dieux, ces démons, l'ont démontée. Sa pauvre tête n'a pû résister à tant de chiméres à la fois. Elle ne vous saluëra qu'en chantant ; & je pense qu'elle aimeroit mieux se laisser mourir de faim & de soif, que de demander à manger & à boire sans musique. Elle dit une chose que je ne croi pas trop : (comme c'est une affaire de fait, je veux m'en informer au premier qui viendra de Paris :) c'est qu'il n'y a pas un homme de condition à la Cour, qui ne chante en parlant, comme on fait à l'opera. Qu'en pensez-vous, Monsieur Guillaut ?

Mr. GUILLAUT.

Je revins de Paris environ trois semaines
avant

avant que de tomber malade ; & c'étoit, s'il m'en souvient, quatre mois après la premiere représentation de l'opera. En ce tems-là, on parloit encore à la cour de la maniere accoûtumée. J'étois souvent chez Monsieur le Maréchal de Villeroi, nôtre gouverneur : j'ai eu l'honneur de dîner avec lui, & de le voir joüer souvent au piquet ; mais en toutes choses, il s'expliquoit très-nettement, comme ses peres, sans chant, ni musique. Je vous dirai bien que les femmes & les jeunes gens savent les opera par cœur ; & il n'y a presque pas une maison où l'on n'en chante des scenes entieres. On ne parloit d'autre chose que de Cadmus, d'Alceste, de Thesée, d'Atys. On demandoit souvent un roi de Scyros, dont j'étois bien ennuyé. Il y avoit aussi un certain Lycas peu discret, qui m'importunoit souvent: Atys est trop heureux, & les bienheureux Phrygiens, me mettoient au desespoir. Cela n'alloit pas plus avant ; & selon mon goût, ç'en étoit bien assez. Ce qui est arrivé depuis, je ne le sai pas.

Mr. CRISARD.

Ma fille diroit-elle bien vrai ?

Mr. GUILLAUT.

Je ne voudrois pas jurer le contraire. Quand on trouve bon au théatre qu'un maître parle à son valet en chantant, on n'est pas trop

trop éloigné de parler aux siens de même à son logis : mais il est tems de savoir ce que fait nôtre malade. Appellez vôtre servante. La voila : d'où vient-elle avec ce paquet de livres ?

Mr. CRISARD.

Elle vient de la chambre de Crisotine ; & tous ces livres que vous voyez, sont ses opera, que je lui ai fait enlever.

Mr. GUILLAUT.

Vous avez sagement fait de lui ôter ce qui a causé sa maladie.

SCENE IV.

Mr. CRISARD, Mr. GUILLAUT, PERRETTE.

Mr. CRISARD.

Perrette, que fait Crisotine ?

PERRETTE.

Elle dort du meilleur somme du monde. Pensez-vous que j'eusse pû emporter ses livres, si elle ne se fût pas endormie ? On lui eût plûtôt arraché l'ame, que ses opera. Je ne lui ai rien laissé qu'un petit office de la Vierge

Vierge, quelle difoit autrefois, avant qu'elle eût l'entêtement de fes déeffes & de fes dieux.

Mr. GUILLAUT.

Elle dort de laffitude, après quelque grand travail d'efprit. La nature cherche à fe remettre d'une telle agitation ; & c'eft moins un véritable fommeil, qu'un repos.

PERRETTE.

Ma-foi vous y êtes, avec vos raifons de medecine. Elle dort d'un fommeil qu'elle a trouvé dans le dernier opera. Apprenez-en les vers, Monfieur Guillaut, vous la ferez mieux dormir avec cela, qu'avec tout l'opium des apoticaires. Mais tenez, voila fes livres, faites-en ce que vous voudrez.

Mr. GUILLAUT.

Comme la folie de Mademoifelle vôtre fille approche fort de celle de Don Quichote, Perrette a eu raifon de faire la même chofe des opera, que firent la bonne niéce & la fervante des livres de Chevalerie ; & en attendant que Mademoifelle fe réveille, nous en ferons l'examen, s'il vous plaît, à l'exemple du Curé & de Maître Nicolas.

Mr. CRISARD.

J'ai toûjours aimé la mufique : mais je ne

m'y connois pas si bien que vous. Prononcez Monsieur Guillaut, je suivrai vos jugemens.

Mr. GUILLAUT.

Je suis fou des vers & de la musique ; & je vais tous les ans à Paris, autant pour voir ce qu'on fait sur les théatres, que pour apprendre ce qu'on dit aux écoles de medecine. Mais revenons à nos opera.

Mr. CRISARD.

Ouvrons ce petit, qui est le premier en ordre. C'est l'opera d'Issy, fait par Cambert.

Mr. GUILLAUT.

Ce fut comme un essai d'opera, qui eut l'agrément de la nouveauté : mais ce qu'il eut de meilleur encore, c'est qu'on y entendit des concers de flûtes ; ce que l'on n'avoit pas entendu sur aucun théatre depuis les grecs & les romains.

Mr. CRISARD.

Celui-ci est Pomone, du même Cambert.

Mr. GUILLAUT.

Pomone, est le premier opera françois qui ait paru sur le théatre. La poësie en étoit fort méchante, la musique belle. Monsieur de Sourdiac en avoit fait les machines. C'est assez dire, pour nous donner une grande idée de leur beauté : on voyoit les machines avec surprise, les danses avec plaisir : on entendoit le chant avec agrément, les paroles avec dégoût.

Mr. CRISARD.

En voici un autre : Les peines & les plaisirs de l'amour.

Mr. GUILLAUT.

Cet autre eut quelque chose de plus poli & de plus galant. Les voix & les instrumens s'étoient déja mieux formés pour l'exécution. Le prologue étoit beau, & le tombeau de Climene fut admiré.

Mr. CRISARD.

Celui-ci est écrit à la main. Lisez, Monsieur Guillaut.

Mr. GUILLAUT.

C'est l'Ariane de Cambert, qui n'a pas été représentée : mais on en vit les répétitions. La poësie fut pareille à celle de Pomone, pour être du même auteur, & la musique fut le chef-d'œuvre de Cambert. J'ose dire que les plaintes d'Ariane, & quelques autres endroits de la pièce, ne cedent presque en rien à ce que Baptiste a fait de plus beau. Cambert a eu cet avantage dans ses opera, que le récitatif ordinaire n'ennuyoit pas, pour être composé avec plus de soin que les airs mêmes, & varié avec le plus grand art du monde. A la vérité, Cambert n'entroit pas assez dans le sens des vers, & il manquoit souvent à la véritable expression du chant, parce qu'il n'entendoit pas bien celles des paroles. Il aimoit les paroles qui n'exprimoient rien, pour n'être assujetti à aucune expression, & avoir la liberté de faire des airs purement à sa fantaisie. Nanete, Brunete, Feüillage, Bocage, Bergere, Fougere, Oiseaux & Rameaux, touchoient particulierement son génie. S'il falloit tomber dans les passions, il en vouloit de ces violentes, qui se font sentir à tout le monde. A moins que la passion ne fût extrême, il ne s'en appercevoit pas. Les sentimens tendres & délicats lui échappoient. L'ennui, la tristesse, la langueur, avoient quelque chose de trop secret & de trop délicat pour lui. Il ne connoissoit la douleur que par les cris, l'affliction que par les larmes. Ce qu'il y a de douloureux & de plaintif, ne lui étoit pas connu.

Mr. CRISARD.

Mais avec cela il ne laissoit pas d'être habile homme.

Mr. GUILLAUT.

Il avoit un des plus beaux génies du monde pour la musique; le plus étendu & le plus naturel. Il lui falloit quelqu'un plus intelligent que lui, pour la direction de son génie. J'ajoûterai une instruction, qui pourra servir à tous les savans en quelque matiere que ce puisse

puisse être ; c'est de rechercher le commerce des honnêtes-gens de la cour, autant que Cambert l'a évité. Le bon goût se forme avec eux : la science peut s'acquérir avec les savans de profession ; le bon usage de la science ne s'acquiert que dans le monde.

Mr. CRISARD.

Voici tous les opera de Baptiste. Cadmus, Alceste, Thesée, Atys ; quel sentiment en avez-vous ?

Mr. GUILLAUT.

Celui de toute la France ; qu'on n'en a point vû qui approchent de leur beauté. Je suis mon goût, comme les autres, sur le sujet de la préférence. Voici ce que j'en crois, sans rien décider. On trouve de plus beaux morceaux dans Cadmus, une beauté plus égale dans Alceste. Le rôle de Medée est merveilleux dans Thesée : il y a quelques Duo, quelques airs dans la piece fort singuliers. Les habits, les décorations, les machines, les danses sont admirables dans Atys : la descente de Cybele est un chef-d'œuvre : le sommeil y regne avec tous les charmes d'un enchanteur. Il y a quelques endroits de recitatif parfaitement beaux, & des scenes entieres d'une musique fort galante & fort agréable. A tout prendre, Atys a été trouvé le plus beau : mais c'est-là qu'on a commencé à connoître l'ennui que nous donne un chant continué trop long-tems.

Mr. CRISARD.

N'auroit-on pas eu raison de le connoître aussi dans les autres Opera ?

Mr. GUILLAUT.

On auroit eu raison assurément ; car entendre toûjours chanter, est une chose bien ennuyeuse : mais dans le premier entêtement des françois, les sages opposeroient en vain leur raison à la chaleur de la fantaisie. Quand l'entêtement diminuë, la fantaisie ne tient pas long-tems contre la raison ; & vous verrez qu'au premier opera qui sera représenté, la nature fera mieux sentir encore la langueur d'une continuelle musique. On ne souffrira pas éternellement que le véritable usage de la parole soit anéanti sur le théatre. Nous nous lasserons enfin de tant de divinités chantantes & dansantes : j'espere que nous les supplierons avec respect d'aller faire leur métier dans les cieux, & de nous laisser faire le nôtre sur la terre.

Mr. CRISARD.

Quand pensez-vous qu'on leur fasse ce compliment-là.

Mr. GUILLAUT.

Quand l'habitude aura fait naître l'annui, il sera permis aux gens éclairés de faire connoître la raison. Il faut avoüer qu'on ne peut pas mieux faire que fait Quinault, ni si bien que

fait

fait Baptiste, sur un si méchant sujet : mais la constitution de nos opera est tellement défectueuse, qu'on les verra tomber, à moins qu'elle ne soit changée. Je ne ferai pas le deshonneur à Baptiste de comparer les opera de Venise aux siens. L'excellence de nos symphonies & de nos danses pourroit-elle être comparée au ridicule des leurs ? Je conviendrai avec les italiens de la beauté de leur composition pour le chant, s'ils tombent d'accord avec moi de leur pitoyable execution : & quant à la musique des instrumens, ils me permettront de ne pas admirer ce chef-d'œuvre de science qui trouve le secret sur quatre notes, d'ennuyer quatre heures les personnes de bon goût. Mais je ne m'apperçois pas que je m'arrête ici trop long-tems : j'ai d'autres malades à voir. Je reviendrai dans peu de tems pour voir Mademoiselle vôtre fille.

Fin du second Acte.

ACTE III.

SCENE PREMIERE.

CRISOTINE *pensant être Hermione*, TIRSOLET *s'imaginant être Cadmus*, PERRETTE.

CRISOTINE *chante un air que chante Hermione dans l'opera de Cadmus.*

Amour, voi quels maux tu nous faits !
Où sont les biens que tu promets ?
N'as-tu point pitié de nos peines ?
Tes rigueurs les plus inhumaines
Seront-elles toûjours pour les plus tendres cœurs ?
Pour qui, cruel amour, gardes-tu tes douceurs ? (1)

TIRSOLET.

Mourir est toute mon envie.
Achevons un funeste sort :
C'est assez de bien dans la mort,
Que la fin des maux dans la vie.

CRISOTINE.

Il faut vivre, Cadmus, quoi qu'on puisse endurer :

la

---

(1) *Opera de Cadmus*, *Acte II. Sc. V.*

DE SAINT-EVREMOND.

La derniere des tyrannies
Est celle d'une mort, qui viendroit separer
Deux volontés si bien unies.

TIRSOLET.

Beaux yeux, si je ne vous voi plus,
Le jour n'a point de biens qui ne soient superflus.

CRISOTINE.

De ceux qu'on ne voit plus on conserve l'idée.

TIRSOLET.

Chez les morts, Hermione, elle sera gardée.
Belle Hermione, helas! puis-je vivre sans vous ?
Nous nous étions flatés que nôtre sort barbare
Auroit épuisé son courroux.
Quelle rigueur, quand on separe
Deux cœurs, prêts d'être unis par des liens si doux !
Belle Hermione, helas! puis-je vivre sans vous (1) ?

CRISOTINE.

Vivez, Cadmus......mais que viens-je d'entendre ?
Vivez. Adieu. L'on pourroit nous surprendre.

PERRETTE *qui les a écoutés, les surprend.*

Ah ! Madame l'Hermione, je vous y attrappe; & vous voila bien camus, Monsieur le Cadmus, de me voir ici. Vous aviez donc pris le tems que je n'y étois pas, pour venir faire des condoliances, & chanter tous vos helas ? Finissez les hermionages, Monsieur Tirsolet, & sortez promptement. Dehors, dehors; montrez-nous les épaules.

CRI-

(1) *Cadmus, Act. V. Sc. I.*

Ah ! Ah !

PERRETTE.

Diriez-vous pas des comédiens avec leurs ha ! ha ! Pardi, je pense être sur un théatre.

TIRSOLET *pensant être Cadmus.*

Belle Hermione, il faut mourir.

CRISOTINE *pensant être Hermione.*

Mon cher Cadmus, il faut souffrir.

TIRSOLET.

Mes maux ont lassé ma constance,

CRISOTINE.

Tout cede à la perseverance.

TIRSOLET.

Mais que sert de persever,
Si ce n'est que pour endurer ?

CRISOTINE.

Une mort qui finit nos peines,
En même tems finit nos chaînes.

TIRSOLET & CRISOTINE *ensemble.*

Ah ! vivons & souffrons, si la fin de nos jours
Devient celle de nos amours.

PERRETTE.

Qu'on se separe une fois pour toutes.

CRISOTINE.

Separons-nous, le ciel l'ordonne. Adieu, Cadmus.

TIRSOLET.

Adieu, belle Hermione.

PERRETTE.

Dépêchez-vous, Tirsolet : si Monsieur Crisard vous trouve ici, je ne sai pas ce qui en arrivera ; car il a la tête furieusement échauffée contre les Cadmus. Je l'entens venir ; rentrez, Crisotine, rentrez, que je m'enferme avec vous.

SCENE II.

Mr. GUILLAUT, Mr. CRISARD.

Mr. GUILLAUT.

Voyons un peu comment nous traiterons nôtre malade. Pour moi, j'aime mieux consulter avec un homme de bon sens, qui ne soit pas medecin, qu'avec le plus vieux & le plus savant medecin, qui ne soit pas homme de bon sens.

Mr. CRISARD.

Monsieur Guillaut, je ne suis peut-être pas

cet homme de bon sens ; mais je connois ma fille, & j'ai connu de bonne heure la disposition qu'elle avoit à devenir quelque chose de pareil à ce qu'elle est. Les Astrées lui avoient donné la fantaisie d'être bergere ; les romans lui avoient inspiré le desir des avantures ; & ce que nous voyons aujourd'hui, est l'ouvrage des opera.

Mr. GUILLAUT.

Mais pouviez-vous voir tout cela, sans y apporter du remede ?

Mr. CRISARD.

Sa mere la gâtoit par son indulgence, & je n'osois pas ouvrir la bouche, de peur qu'on ne m'accusât de bizarrerie, & qu'on ne me reprochât d'avoir un esprit de contradiction.

Mr. GUILLAUT.

Les oppositions étoient bonnes, quand Madame Crisard avoit trop d'indulgence. A l'heure qu'il est, il faut s'insinuer le mieux qu'on pourra dans l'esprit de Crisotine, & gagner assez de crédit avec elle, pour lui faire prendre les remedes que j'ordonnerai. Je veux entrer dans toutes ses imaginations, pour trouver jour à la fin de les ruiner, & de la ramener insensiblement au bons sens. Voila mon projet ; je ne sai pas s'il réüssira.

Mr. CRISARD.

Sa mere vient à nous fort mal-à-propos. Elle a perdu l'esprit quasi autant que sa fille : je suis tout embarrassé devant elle, & je sors de mon embarras, en lui disant des verités, qui ne lui sont pas agréables.

SCENE III.

Me. CRISARD, Mr. CRISARD, Mr. GUILLAUT.

Me. CRISARD.

JE viens de laisser ma fille dans le plus pitoyable état du monde. La pauvre créature s'étoit endormie en chantant certains airs de l'opera, qui sont composés exprès pour faire dormir : Perrette lui a enlevé ses livres ; & entr'autres celui où elle trouvoit son sommeil : c'est être bien barbare !

Mr. CRISARD.

Je vous prie, ma femme, retirez-vous. Nous songeons, Monsieur Guillaut & moi, aux moyens de pouvoir guérir vôtre fille. Laissez-nous-en le soin, & vous retirez.

Me. CRISARD.

Je n'ai pas eu le cœur de la tenir enfermée
plus

plus long-tems, & la voici qui vient toute furieuse, se plaindre du tort qu'on lui a fait: voyez ce que vous y ferez. Pour moi, je m'en vais; aussi-bien ne me veut-on pas ici.

SCENE IV.

CRISOTINE, Mr. CRISARD, Mr. GUILLAUT.

CRISOTINE.

Fuyez, tirans, fuyez loin de mes yeux;
  Vous m'avez enlevé mes dieux:
    Je cours à la vengeance;
Fuyez de mon courroux la juste violence.

Mr. CRISARD.

Crisotine, où allez-vous ? A qui en voulez-vous ? Reconnoissez-vous vôtre pere ?

CRISOTINE.

  A l'aspect des parens,
  Fussent-ils des tyrans,
La fureur d'un enfant aussi-tôt se modere:
J'allois, & je voulois vous demander, mon pere,
  Avec de malheureux soupirs
  Ce qu'on a fait de mes plaisirs.

Mr. CRISARD.

Qu'entendez-vous, Crisotine, par vos plaisirs ? Expliquez-vous.

CRISOTINE.

Que tes charmes, sommeil, m'avoient bien abusée !
Tandis que je goûtois la douceur du repos,
On vient de m'enlever le genereux Thesée,
    Et le reste de mes héros.
On m'enleve les dieux, qui paroient nôtre scene,
L'un descendoit du ciel; l'autre sortoit des eaux :
On voyoit les Silvains quitter les arbrisseaux,
    Pour venir danser dans la plaine.
  Fuyez, tyrans, fuyez loin de mes yeux ;
    Vous m'avez enlevé mes dieux :
      Je cours à la vengeance ;
Fuyez de mon courroux la juste violence.

Mr. GUILLAUT.

Mademoiselle, vous vous êtes méprise quand vous avez crû que les mortels vous avoient enlevé vos dieux : ce sont les déesses qui vous ont fait un si méchant tour par jalousie, voyant que vous aviez plus de beauté qu'elles, & que tous ces dieux-là alloient devenir amoureux de vous.

CRISOTINE.

Que ce soient des mortels, ou bien des immortelles,
A mon ressentiment rien ne les peut cacher.
Si l'on ne me rend pas ce qui m'étoit si cher,
On se fait avec moi des guerres éternelles.

Mr. GUILLAUT.

Si j'étois en vôtre place, je me mocquerois bien des immortelles. Laissez-les crever de jalousie, & ne leur donnez pas le plaisir de vous voit fâchée du méchant tour qu'elles vous ont fait.

CRISOTINE.

Rengainez vos conseils, Monsieur le Medecin,
Si vous n'avez pour moi que de vaines paroles :
Allez porter ailleurs le grec & le latin
Que vous avez appris autrefois aux écoles.

Mr. GUILLAUT.

J'espere de vous être plus utile ici, que je ne serois aux écoles ; & vous souffrirez que la passion de vous rendre quelque service, me retienne auprès de vous.

CRISOTINE.

Vous venez pour me secourir ;
Cependant je me persuade
A vôtre teint jaune & malade,
Que vous avez, Guillaut, grand besoin de guerir.
Mais, ô divinités, plus cheres que ma vie,
Je vous perds, & je vous oublie !
Ah ! reprenons nos transports furieux :
Vous, qui m'avez volé mes dieux,
Dérobez-vous à ma vengeance,
Fuyez de mon courroux la juste violence.

Mr. CRISARD.

Songez-vous à ce que vous faites, & à ce que vous dites, devant vôtre pere, & devant un homme de l'importance de Monsieur Guillaut.

CRISOTINE.

Je viens vous demander raison ;

Vous ne la faites pas, rentrons dans la prison.
Elle sort.

Mr. GUILLAUT.

Monsieur, ce n'est pas le moyen de guerir par la medecine, que de se moquer du medecin. Crisotine aime trop ses imaginations pour les perdre, à moins qu'on ne lui en fournisse d'autres, qui lui soient plus agréables. Je n'ai guere vû de foux en ma vie, qui refusent de l'argent, ni de filles folles, qui n'écoutent parler volontiers de mariage. Toute la folie est suspenduë par la proposition de choses si necessaires & si convenables à la nature. Proposons quelque mariage à Mademoiselle Crisotine : une simple vapeur de mariage appaisera toutes celles de l'opera.

Mr. CRISARD.

Vôtre conseil est admirable, & de plus, facile à mettre en execution. Nous avons jetté les yeux sur Monsieur de Montifas, autrement le baron de Pourgeolette, pour en faire un époux à Crisotine. C'est un homme de condition, qui a du bien, & qui ne le mangera pas. Cela nous convient assez, & le mariage de ma fille ne lui convient pas moins. On attend à tous momens son retour; car il ne faisoit dessein de demeurer à Paris que trois mois, & il y en a tantôt quatre qu'il y est. Ce n'est n'est pas un homme à faire plus de dépense qu'il ne s'est proposé.

Mr. GUILLAUT.

Je pense voir le Baron. N'est-ce pas lui qui vient à nous ?

Mr. CRISARD.

C'est lui-même.

SCENE V.

LE BARON DE POURGEOLETTE, Mr. CRISARD, Mr. GUILLAUT.

LE BARON.

MOn cousin, j'avois une grande impatience de vous revoir. Embrassez-moi, mon cousin, embrassez-moi : encore ; c'est bien meilleur de mon cœur, je vous en assure.

Mr. CRISARD.

Mon cousin, vôtre retour nous donne à tous une grande joye.

LE BARON.

Encore une embrassade ; je ne m'en saurois lasser. Dès Paris, mon cousin, dès Paris, je souhaitois ce bonheur-là : embrassez-moi.

Mr. CRISARD.

Ce que vous dites, mon cousin, est trop obligeant. Vous vous divertissiez assez bien avec vos amis de Paris, pour ne vous souvenir pas de ceux de Lion.

LE BARON.

Je vous ai dit la verité, mon cousin ; & ce n'est pas que mes amis de Paris m'eussent oublié. Sans vanité, je n'ai pas eu de peine à refaire mes connoissances. C'étoit le Baron ici, le Baron là : il m'eût fallu mettre en quatre ; encore n'eût-ce pas été assez. On parle de l'inconstance des amis de cour : je le sai par épreuve, ils en ont cent fois moins que ceux de Province. Cependant je songeois toûjours au cousin : il est excepté du nombre des provinciaux ; on peut faire fonds sur lui : & embrassez-moi, je vous prie.

Mr. CRISARD.

Mon cousin, on ne peut pas être plus satisfait que je le suis, de l'honneur de vos caresses, & de ce que vous vous êtes souvenu de moi si souvent à la cour.

LE BARON.

A Paris, ai-je dit : ce n'étoit pas la même chose à Versailles & à Saint-Germain. Que serviroit-il de mentir ? La cour a des heures privilegiées, où l'on ne se souvient guere de la Province.

Mr. GUILLAUT.

Et particulierement quand on est aussi bien reçû à la cour que vous l'avez été.

LE BARON.

Le Roi m'a fait plus d'honneur que je ne vaux ; & je vous dirai une chose assez particuliere de ce Prince sur mon sujet. J'étois allé au lever, & je me trouvai à la porte avec quantité de ces jeunes Messieurs, qu'on appelle les Marquis. Après avoir attendu assez long-tems, je m'impatientai, & dis à l'huissier : huissier, le Baron de Pourgeolette. L'huissier crut avoir trouvé son Baron de la Crasse, & redit tout haut : le Baron de Pourgeolette, pensant faire rire le Roi & les courtisans ; mais il fut bien étonné, quand le Roi dit aussi-tôt : Qu'on fasse entrer le Baron. J'entrai, au grand étonnement de mon huissier & de mes Marquis, que je laissai fierement derriere.

Mr. GUILLAUT.

Monsieur le Baron, un homme de cour comme vous, ne laisse pas échapper de sa mamoire ce que le Roi lui dit : vous nous en redirez bien quelque chose.

LE BARON.

Cela siéroit mieux dans la bouche d'un autre, que dans la mienne.

Mr. GUILLAUT.

Nous savons bien que vous n'êtes pas homme à vous donner une vanité mal-fondée.

LE BARON.

Vous connoissez mon humeur : mais si quelque chose étoit capable de me flater, ce seroit le reproche obligeant que le Roi me voulut faire en presence de toute sa cour. Ce ne fut pas le discours d'un Roi à un sujet ; ce fut une tendresse d'ami. Je ne l'oublierai jamais ; & si j'avois mille vies, je les perdrois volontiers où il y auroit la moindre apparence de le servir.

Mr. CRISARD.

Cela veut dire, mon cousin, que nous ne vous verrons pas long-tems ; car on dit que la campagne commencera de bonne heure.

LE BARON.

C'est mon déplaisir; mes affaires me retiendront ici quelques mois, & je ne pourrai voir le Roi qu'à son retour de l'armée.

Mr. GUILLAUT.

Mais, Monsieur, vous n'avez pas contenté nôtre curiosité sur ce reproche obligeant que le Roi vous fit. Vous avez trop d'égard à la modestie :

modestie : les gens de guerre & de cour s'en dispensent quelquefois.

LE BARON.

Voici les propres mots du Roi, Monsieur Guillaut ; comprenez-en bien le sens, je vous prie. Comment peut-on demeurer dans une Province, quand je suis moi-même à l'armée, & que tous les gens de cœur sont auprès de moi ? Cela veut dire : ʺJ'entre dans vôtre ʺdéplaisir, Baron, & sai combien un hom-ʺme de cœur comme vous, est affligé de ne ʺse pas rencontrer aux occasions où je me ʺtrouve moi-même. Ecoutez la réponse : elle fut prompte, & assurément bien tournée. Tant que j'ai été en Province, SIRE, il ne s'est tiré coup de mousquet, qui ne m'ait fait plus de mal, que si je l'avois reçû, dans la douleur que j'ai euë de n'être pas aux lieux où l'on pouvoit servir VÔTRE MAJESTE. Je ne mentirai point. Le Roi sourit de l'agrément qu'il trouva dans la réponse, & tous les courtisans jetterent les yeux sur moi ; ces yeux qu'on jette sur les personnes qui se font remarquer.

Mr. CRISARD.

Mon cousin, il ne faut pas avoir regret à la dépense que vous avez faite : je la tiens assez bien payée par cet honneur-là.

LE BARON.

Il m'en coûte bon, mon cousin; je n'y ai pas de regret: mais il m'en coûte bon. Non pas tant à la cour, je l'avouë; car je mangeois aux meilleures tables, où l'on me convioit toûjours: mais Paris est un gouffre. Les Dames y sont agréables, & leur commerce ne s'entretient pas sans dépense. De dire que pas une ait voulu prendre de mon argent, je mentirois: non, je les ai trouvées fort honnêtes là-dessus: il est vrai qu'on jouë avec elles; & l'on ne gagne pas. On sait assez que le Baron est de Languedoc, & de l'humeur qu'il est, ses amies ne manquent pas d'essences, de gans & de sachets de Montpellier. Au reste, deux fois la semaine à l'opera, & jamais sans Dames, qui assurément ne payent pas où est le Baron de Pourgeolette. Demi pistole chaque place; rien moins. C'est une affaire reglée.

Mr. CRISARD.

Mon cousin, à propos de l'opera, éclaircissez-nous d'une chose. On dit qu'il a produit le plus étrange effet du monde dans tous les esprits de la cour; c'est qu'on n'y parle plus qu'en chantant, le maître au valet, le valet au maître, le pere au fils, la mere à la fille, & de même dans toutes les conditions.

Ah ! parbieu cela est bon ; & qui va dire ces coyonneries-là ? Quelque petit bourgeois de Lion, à qui les valets du duc de Villeroi l'auront fait accroire, pour se mocquer de lui. J'ai été tous les matins au lever, où je n'ai jamais oüi chanter ni grands, ni petits officiers. Chez Monsieur le duc d'Orleans, pas une note de musique ; à Chantilly, point de chant. Le cadet de Montifas m'a mené chez Monsieur de Louvois : eh bien, les Capitaines parlent de leurs recruës, & Monsieur de Louvois leur répond sans chanter. Monsieur Picon, qui est de mon païs, m'a introduit chez Monsieur Colbert, où j'ai vû tous les gens d'affaire, sans en avoir oüi chanter un seul. Fausseté toute pure ce qu'on vous a dit. Croyez le Baron, mon cousin, il est mieux informé de la cour, que vos petits conteurs de nouvelles, qui n'ont jamais approché de Versailles, ni de Saint-Germain.

Mr. CRISARD.

Je ne l'avois pas cru, mon cousin ; mais il faut écouter toutes choses.

LE BARON à Mr. Guillant assez bas

Je souffre volontiers tant de cousinage à Lion : à Versailles, il ne me feroit pas plaisir.

Mr. GUILLAUT *bas.*

Il auroit-là plus de discrétion.

LE BARON *assez bas.*

Ah ! je le crois. Ces habitudes-là pourtant ne valent rien.

Mr. CRISARD.

Que disiez-vous-là, mon cousin ?

LE BARON.

Je disois, mon cousin, que me voila revenu de la cour, où je ne prétens pas retourner si-tôt. Je vais vous parler, non pas en courtisan galant, mais en homme solide, qui songe à s'établir, & à se donner du repos. Mon cousin, mon ami, il est tems de songer à faire des Pourgeolets. J'ai quarante-cinq ans passés, quoi que cela ne paroisse pas. Le cadet de Montifas ne veut pas se marier ; & de la façon qu'il s'expose, ce seroit une folie que de rien fonder sur lui. C'est un miracle qu'il vive encore. Tout roule sur le baron, pour assurer la race des Montifas. Il faut se marier une fois, mon cousin : aidez-moi à choisir une maîtresse, qui devienne bien-tôt une femme; non pas si-tôt, qu'une honnête galanterie ne précede le mariage.

Mr. CRISARD.

Mon cousin, quand vous me parlez de la

sorte, vous avez envie que je m'ouvre le premier; & je le ferai, puis que vous le voulez. La personne de Crisotine vous plaît-elle, & son bien vous accommode-t-il ? Si cela vous convient, vous n'avez qu'à vous faire agréer à ma fille : l'agrément du pere & de la mere vous est assuré.

LE BARON à Mr. Guillaut bas.

L'honneur que je fais à Monsieur Crisard, mériteroit quelque autre terme que celui d'agrément : mais on ne rompt pas une affaire pour cela.

Mr. CRISARD.

Vous parlez toûjours bas à Monsieur Guillaut.

LE BARON.

Je lui témoignois la joye que me donne cette ouverture. C'est la plus agréable chose que je puisse entendre. Vous souffrirez donc que je fasse le personnage de galant, avant que de faire celui de mari. On ne me reprochera point d'avoir pris le roman par la queuë. Nous avons connu Moliere en Languedoc, & il n'a pas enrichi ses comédies de nôtre procedé avec les Dames : il a joüé tous les marquis, & le baron s'en est sauvé. Véritablement ma perruque aujourd'hui est une perruque de cousin, non pas de galant.

Allons

DE SAINT-EVREMOND.

Allons chercher au logis l'équipage des avantures; allons, nous ne serons pas long-tems à nous parer.

Fin du troisième Acte.

ACTE IV.

SCENE PREMIERE.

LE BARON, Mr. GRISARD, Mr. GUILLAUT.

LE BARON.

MOn cousin, je n'ai pas été long-tems à m'ajuster, & cependant je ne suis pas mal. Que dites-vous de cette étoffe ? N'est-elle pas modeste & galante ? C'est le point cela : modeste & galante, pour un homme de mon âge, qui n'a pas renoncé à la galanterie. Et ces rubans, cette garniture, hem ! que vous en semble ? Sentez ce mouchoir ; eau d'ange, de la meilleure qui se fasse à Montpellier. Je voudrois bien lui voir confronter ces eaux de Cordouë, dont on parle tant ; eau de rose au prix, eau de rose. Il faut tout dire,

dire, on ne la vend pas; c'eſt une mienne parente religieuſe qui la fait, & n'en fait rien que pour moi, dont le convent ne ſe trouve pas mal. C'eſt elle auſſi qui m'a envoyé cette poudre: je donne cent piſtoles, ſi on en trouve une once de pareille en toute la France. Voyez l'épée, le baudrier, les boucles, les gans; il n'y a point de friperie-là, c'eſt du plus fin. On ne répond pas mal à l'honneur que l'on nous fait, mon couſin; mais c'eſt trop peu pour l'adorable Criſotine.

Mr. CRISARD.

La voila qui vient avec Madame Criſard: vous pouvez lui aller faire vôtre déclaration.

SCENE II.

LE BARON, Mr. CRISARD, Mr. CRISARD, Mr. GUILLAUT, CRISOTINE, GILOTIN.

LE BARON ſaluë Criſotine.

Vous me permettrez d'avoir l'honneur de vous ſaluer, belle couſine; & après vous avoir ſalué en couſin, vous trouverez bon que je me jette à vos pieds en amant, pour vous faire la proteſtation d'être vôtre toute ma vie. J'en ai la permiſſion de Monseur vôtre pere & de Madame vôtre mere : mais je la veux avoir de vous-même, & ne prétens obtenir Crisotine que de Crisotine.

CRISOTINE.

La posture, baron, sent un peu la vieillesse,
  Et je pense trouver en vous
  Moins un respect, qu'une foiblesse,
  Qui vous fait tomber à genoux.

LE BARON.

Sus relevons-nous ; l'adorable le veut ; debout, à genoux, en quelque posture que ce soit, le baron sera toûjours le plus soumis des amans. Que faut-il faire ? où faut-il aller ? je suis prêt à executer ce qu'ordonneront ces beaux yeux.

CRISOTINE.

Baron de Montifas,
  Vous perdez tous vos pas :
Vos yeux de perle, & vos dents d'émeraude,
Peuvent chercher une autre Montifaude.

LE BARON.

Les Montifaudes ne manqueront jamais aux Montifaux : mais quand le baron est auprès d'un Soleil, il ne le quitte point pour des étoiles.

CRISOTINE *lui ôte sa perruque.*

C'est trop écouter tes raisons,
Je veux désabuser le monde,

Et t'ôter la perruque blonde
Qui cache des cheveux grisons.

LE BARON.

Je craindrois de paroître en cet état, si je devois la couleur de mes cheveux à mes années : mais c'est là le fruit de mes travaux guerriers. Montrez-vous, marques honorables de mes services : vous m'êtes venuës pour avoir suivi mon Roi dans ses premiere campagnes.

CRISOTINE.

Poursuivez vôtre récompense
Auprès du monarque de France,
Allez lui faire vôtre cour,
Et cessez, vieux Baron, de me faire l'amour.

Mr. GUILLAUT.

Prenez ma calote, Monsieur le Baron ; vous n'êtes pas si jeune, que vous ne deviez craindre le froid à la tête : les vapeurs de nos rivieres sont fâcheuses, & l'humidité de nôtre air cause bien des fluxions.

Me. CRISARD.

Ma fille, rendez à mon cousin sa perruque. Quelle extravagance est-ce là ?

CRISOTINE.

Ma mere, je n'en ferai rien ;
Et dût geler de froid sa miserable nuque,
Je retiendrai cette grosse perruque,
Tant qu'on me retiendra mon bien.
Elle sort.

LE BARON *va à la porte sans perruque,*
& appelle son valet.

Gilotin, Gilotin.

GILOTIN.

Qui me demande ?

LE BARON.

Ton maître.

GILOTIN.

Ah ! Monsieur, qui vous a mis en cet état-là.

LE BARON.

Je te conterai ce que c'est : mais va me querir promptement une autre perruque ; car je commence à sentir un vent de bize fort incommode. Oüai ! qu'est devenuë Crisotine ? Je ne la voi plus, ni ma perruque. Elle sera peut-être assez folle pour la jetter dans le feu : mais voici Monsieur Crisard qui m'aborde, ne lui témoignons pas nôtre appréhension. Mon cousin, n'ai-je pas pris l'affaire en galant-homme ? je sai vivre avec les Dames ; n'est-ce pas ?

Mr. CRISARD.

Mon cousin, je ne sai quelle excuse vous faire de l'impertinence de ma fille. J'en suis si honteux, que je ne puis quasi en parler.

LE BARON.

Il faut avoir vu la cour, pour savoir tourner les choses galamment. Un provincial en ma place auroit été bien scandalisé.

Mr. CRISARD.

Vous êtes honnête-homme, mon cousin; & ma fille est une impertinente, que je traiterai assurément comme je dois. Je lui apprendrai à vivre avec les gens de condition, & particulierement avec un Baron de Montifas.

GILOTIN.

Monsieur, voila une perruque que je vous apporte.

LE BARON.

Quoi ! une perruque à calotte ?

GILOTIN.

Il n'y en a pas d'autre, Monsieur : vous n'en avez que deux ; une pour la ville, que vous portiez, & l'autre pour la campagne, que voici.

LE BARON.

Il est vrai que j'avois donné ordre à Paris de m'en faire quatre ; deux à grosses boucles, & deux à la nouvelle façon, comme le Roi les porte. Elles devoient être ici avant que j'y fusse, & vous verrez qu'on ne me les a pas encore apportées. Fiez vous aux perruquiers.

Me. CRISARD.

Monsieur Crisard, allons trouver Crisotine, pour tirer d'elle la perruque de mon cousin, & lui faire bien sechement la reprimande qu'elle a meritée.

SCENE III.

LE BARON, GILOTIN.

LE BARON.

Gilotin, depuis que tu me sers, combien penses-tu que j'aye pû avoir de maîtresses ?

GILOTIN.

Je ne le puis pas savoir bien juste : mais au compte que vous m'en avez fait, vous pouvez en avoir eu vingt.

LE BARON.

Et dix de plus, Gilotin : car il y en a eu de principales, qui méritoient un entier secret, & je ne t'en ai pas parlé. Gilotin, ton maître n'a pas été malheureux avec les Dames : tu en as assez de connoissance.

GILOTIN.

Vous me l'avez toûjours dit, Monsieur.

LE BARON.
Mais tu le sais.

GILOTIN.
Un bon valet doit croire son maître ; & je n'en ai point douté.

LE BARON.
C'est assez, je prens cela pour savoir. Tu le sais donc Gilotin ?

GILOTIN.
Je le sai puis que vous le voulez.

LE BARON.
Oh bien ! Gilotin, ce maître, que tu sais avoir été si heureux avec les belles, vient d'éprouver un commencement d'avanture aussi fâcheux qu'il en soit jamais arrivé au plus disgracié de tous les hommes.

GILOTIN.
Il est vrai, Monsieur, que je vous ai vu dans un pitoyable état.

LE BARON.
Tu dois savoir que Monsieur Crisard me veut donner sa fille en mariage.

GILOTIN.
On ne s'en étonnera pas.

LE BARON.

On sai bien que le plus grand honneur qui puisse arriver à Crisotine, c'est que je l'épouse. Moi, je ne te mens point, je suis bien aise de rendre à la fille la noblesse que nous avons fait perdre à la mere, qui est ma germaine, & aussi-bien que moi, de la bonne branche des Montifas. Une Montifas attachée à un Crisard, c'est pis que le vivant attaché au mort ; & cette pauvre femme toute infectée de Crisarderie, ne désire rien tant en ce monde, que de rendre à sa fille la vraye odeur de la noblesse, qu'on ne peut sentir avec homme du monde si purement qu'avec le Baron.

GILOTIN.

Je ne sai pas si la fille se soucie autant de la noblesse que la mere : mais elle a la mine d'a- d'avoir de bons yeux ; & si elle en a, peut-elle regarder un autre que vous ?

LE BARON.

Je ne doutois pas du succès.

GILOTIN.

Qui en eût douté, Monsieur ?

LE BARON.

Ecoute, Gilotin, tu vas entendre une chose incroyable.

Gi-

Si Crisotine a fait l'impertinente avec vous, je ne le croirai pas.

LE BARON.

Quand j'ai fait ma déclaration à Crisotine, (& je puis dire que ç'a été de la maniere la plus galante, dont un cavalier soit jamais entré au service d'une Dame,) tu seras surpris, Gilotin.......

GILOTIN.

Monsieur, permettez-moi de ne croire pas ce que vous me direz.

LE BARON.

Quand j'ai fait ma déclaration à Crisotine, elle m'a chanté au nez des chansons fort desobligeantes, & personnelles ; cela veut dire, qui s'adressoient à ma propre personne.

GILOTIN.

Monsieur, je ne le saurois croire.

LE BARON.

Ce n'est pas tout, Gilotin, elle m'a ôté ma perruque, & l'a emportée.

GILOTIN.

Vôtre perruque neuve ?

LE BARON.

Ma perruque entiere, qui me coûtoit quatre pistoles. Tu m'en as vû faire le prix.

GILOTIN.

Je n'ai jamais oüi, ni vû pareille chose en ma vie.

LE BARON.

A moi : à moi :

GILOTIN.

A vous ! Monsieur ; à un Baron, l'honneur des Barons ; je ne le saurois croire.

LE BARON.

Je t'avois bien dit que j'allois conter une chose incroyable : mais il la faut croire ; je ne mens jamais.

GILOTIN.

Puis que vous me le commandez, Monsieur, je la croirai ; à moins que d'un ordre exprès, je ne vous croirois pas. J'admire comment vous vous en êtes tiré ! un autre ne se fût jamais remis de cet affront-là.

LE BARON.

Les Roquelaures y fussent demeuré court ; & il faudroit avoir vû de quelle maniere je m'en suis tiré. Si jamais j'ai paru homme de cour, ç'a été, Gilotin, en cette occasion : mais le déplaisir n'en est pas moindre. Il faut

pétir,

pétir, ou venir à bout des mépris de Crisotine. Je te réduirai, mauvaise, & tes larmes vengeront le traitement injuste que tu as
fait au Baron.

GILOTIN.

Il faut la réduire, & la planter là.

LE BARON.

Non pas, Gilotin ; elle a du bien & de la
beauté : il en faut faire une femme, & alors
le mari vengera l'amant. La résolution en est
prise. Voyons seulement de quelle maniere
nous la pourrons faire réüssir. J'ai besoin de
ton adresse, Gilotin, pour découvrir les sentimens qu'elle a sur mon sujet, & trouver ensuite les moyens de nous mettre bien dans son
esprit.

GILOTIN.

Qui pourroit nous donner ces moyens-là.
Laissez-moi rêver un peu. . . . . . Je l'ai trouvé, Monsieur. Cette Perrette, qui gouverne
la maison, nous peut instruire de toutes choses : mais que lui promettrai-je, pour l'engager dans nos intérêts ?

LE BARON.

Ne promets rien positivement, Gilotin.
S'acquitter d'une promesse, c'est payer ; &
la vraye noblesse aime mieux être liberale, que
de s'acquitter d'une dette. Ce que tu as à
faire,

DE SAINT-EVREMOND. 255

faire, est de donner à Perrette de belles idées de ma generosité.

GILOTIN.

Beau present pour une servante, que des idées.

LE BARON.

Je n'aime pas les personnes qui s'attachent à l'exactitude des petits interêts presens: il faut avoir le courage d'envisager les grandes choses. Tu as de l'esprit; dispose Perrette à concevoir d'elle-même des esperances. Il suffira de lui faire la peinture de mon humeur le plus avantageusement que tu pourras.

GILOTIN.

Je ferai vôtre portrait à Perrette, puis que vous me l'ordonnez, & je n'y oublierai rien: laissez-moi faire.

SCENE IV.

GILOTIN, PERRETTE.

GILOTIN.

JE te cherchois, Perrette; j'ai grand besoin de ton secours.

PER-

PERRETTE.

Me voila toute trouvée. De quoi est-il question ?

GILOTIN.

D'une grande affaire.

PERRETTE.

Me veux-tu parler d'amour ? Si tu es aussi fat que ton Baron, ma-foi je serai aussi folle que Crisotine.

GILOTIN.

Je voi bien que tu sais tout.

PERRETTE.

Je sai tout, jusqu'à l'avanture de la perruque. Mais de quoi s'agit-il, Gilotin ? Dépêche-toi, parle.

GILOTIN.

Il faut rendre un service à mon maître.

PERRETTE.

A ton maître !

GILOTIN.

Oui, à mon maître.

PERRETTE.

Au baron de Pourgeolette ! Au seigneur de Montifas !

GILOTIN.

Au baron, & au seigneur, comme il te plaira.

PERRETTE.

C'est une étrange espece de baron. Je ne remuërois pas le bout de mon pied pour l'amour de lui.

GILOTIN.

Ma pauvre Perrette, si mon maître ne se marie, je suis perdu. Il est toûjours par voye & par chemin, faisant bonne chere aux dépens des autres, & mourant de faim aux siens. Pour moi, je ne suis ni aux siens, ni à ceux des autres ; mais très-petitement & très-malheureusement aux miens.

PERRETTE.

Crois-tu que le baron change d'humeur en se mariant ?

GILOTIN.

S'il est une fois marié, Perrette, il faudra qu'il tienne maison en dépit de lui ; & j'espere que je m'en trouverai mieux.

PERRETTE.

Tu veux qu'il épouse Crisotine, n'est-ce pas ?

GILOTIN.

C'est-là justement ce que je demande.

PERRETTE.

Va Gilotin, il ne tiendra pas à moi. J'ai plus d'envie d'être défaite d'elle, que tu n'en as de voir ton maître marié.

GILOTIN.

Venons au fait. Comment nous y prendrons-nous ? Je sai que le pere & la mere veulent bien le mariage : mais la fille chante ridiculement au nez du baron, & ne fait autre chose que se mocquer de lui.

PERRETTE.

Ton maître sait-il chanter ?

GILOTIN.

Il s'est fait un métier de chanter tous les airs de l'opera.

PERRETTE.

Cela vaut mieux que sa baronnie, pour lui faire épouser Crisotine. Apprens que nôtre demoiselle est devenuë folle des opera : elle ne parle qu'en musique, & il ne lui faut parler qu'en chantant. Elle aimeroit mieux demeurer fille toute sa vie, que d'épouser un homme qui ne chanteroit pas.

GILOTIN.

Voila justement le fait de mon maître : & si elle peut aussi-bien s'accommoder d'un fou, que lui d'une folle, jamais gens ne furent mieux ensemble qu'ils seront. Adieu, Perrette, je ne t'en demande pas davantage. Pour des récompenses, je ne t'en promets point. Le baron ne promet jamais rien: il veut surprendre par ses liberalités; & quand tu y songeras le moins, tu recevras de sa part un baril d'olives, une cruche d'huile, un petit pot de miel de Narbonne, & quelque bouteille d'eau de la Reine de Hongrie. Pour de l'argent, Perrette, on tireroit plûtôt de l'huile d'un mur. Mais le voici, retire-toi.

SCENE V.

LE BARON, GILOTIN.

LE BARON.

EH bien! Gilotin, m'apportes-tu la vie, ou la mort?

GILOTIN.

Ce n'est ni la vie ni la mort: c'est assez pour vous empêcher de vous pendre.

LE BARON.

Ne me fait point languir, je te prie. Dimoi, puis-je esperer d'amolir le marbre, d'attendrir ce qu'il y a de plus dur au monde?

Nous avons encore une ressource : après cela, il n'y a rien à esperer.

LE BARON.

Appren-la cette ressource à ton maître ; & Dieu veuille qu'elle soit utile à ses amours : Gilotin, Gilotin, il seroit bien fâcheux de venir échouer à Lion, après avoir su réduire les plus fieres de la cour.

GILOTIN.

Vous aviez affaire à des personnes d'esprit, qui savoient connoître vôtre mérite ; & vous rencontrez ici une folle, qui ne connoît pas ce que vous valez.

LE BARON.

Quelque maltraité que je sois, je ne saurois souffrir qu'on fasse injure à ma maîtresse. Puis que je l'aime, elle est aimable ; & puis qu'elle est aimable, elle n'est pas folle.

GILOTIN.

Je n'entens pas bien la subtilité de ces puis que, là : mais je sai bien que Crisotine est devenuë folle des opera ; & à moins que vous ne chantiez toûjours avec elle, vous ne sauriez jamais en venir à bout.

J. E.

DE SAINT-EVREMOND.

LE BARON.

Me voila justement dans mon fort, & j'espere qu'on verra tantôt une scene assez agréable. Au moins, tu n'as rien promis à Perrette ? je n'aime pas d'être engagé.

GILOTIN.

Je ne vous ai engagé à rien. Il a suffi de faire vôtre portrait ; & je l'ai fait le plus naturellement qu'il m'a été possible.

Fin du quatriéme Acte.

ACTE V.

SCENE PREMIERE.

Me. CRISARD, LE BARON, Mr. CRISARD, CRISOTINE, Mr. GUILLAUT.

Me. CRISARD.

Mon cousin, je rougis de la sottise de ma fille : mais vous excuserez sa jeunesse. La pauvre enfant ne sait ce qu'elle fait. Voila vôtre perruque ; vous pouvez la prendre quand il vous plaira.

LE BARON.

Je m'accommode assez bien de celle-ci : l'autre me seroit toûjours de mauvaise augure.

Mr. CRISARD.

Vous ne vous retrouverez pas à une pareille occasion ; & j'espere que Crisotine racommodera à une seconde entrevûë ce qu'elle a gâté à la premiere.

LE BARON.

Je vous prie de m'éclaircir d'une chose. Est-il vrai que les opera ont brouillé un peu sa cervelle ?

Mr. CRISARD.

Elle a quelquefois de petites fantaisies, chacun a les siennes : cela ne vaut pas la peine d'en parler. Le tout aboutit à aimer les airs de l'opera, & à chanter un peu plus qu'un autre.

LE BARON.

Oh bien ! mon cousin, nous allons voir beau jeu : car je referois les opera, s'ils étoient perdus ; & pour des impromptu en vers & en chant, nous verrons qui l'emportera. Elle peut avoir la voix plus belle que moi : pour la methode, Camus & Lambert diroient que je la puis disputer. Voici Crisotine qui vient à nous ; allons, allons au devant d'elle, & commençons.

Il chante ridiculement.

Vous jugez à ma triste mine,
La douleur que j'enferme au fond de ma poitrine :
  Douleur, douleur, qui causera ma mort,
Si vous ne soulagez mon, mon, mon triste sort.

CRISOTINE.

  Je n'eus jamais envie
  De vous ôter la vie.
Il est vrai que j'ai pris un plaisir assez doux
  A me moquer de vous.

Contez cent fois vôtre martyre,
Cent fois je n'en ferai que rire.

LE BARON.

Les tigres, les lions, les pantheres, les ours,
Toutes les bêtes sauvages de l'Hircanie,
Me donneroient assurément du secours,
Me voyant si proche de l'agonie.

CRISOTINE.

Qui ne peut inspirer une tendre amitié,
Espere-t-il de la pitié ?

LE BARON.

Si vous n'êtes pas une roche........
Si vous n'êtes toute de roche.......
Si vous n'avez un cœur qui soit de roche........;
Il faut rimer, ou torche, ou cloche.

CRISOTINE.

La rime vous coûte trop cher ;
En deux mots ; je suis un rocher.

LE BARON.

Les impromptu me fatiguent trop. Donnons dans les airs de Baptiste. L'aimable jeunesse (1) vient fort bien ici.

Il chante ridiculement.

Aimable jeunesse,
Suivez la tendresse,
Joignez aux beaux jours
La douceur des amours.

C'est

(1) *Air de Psyché, Tragédie.*

C'est pour vous surprendre
Qu'on vous fait entendre
Qu'il faut éviter les soupirs,
Et craindre les desirs :
Laissez-vous apprendre
Quels sont leurs plaisirs.
Chacun est obligé d'aimer
A son tour,
Et plus on a de quoi charmer,
Plus on doit à l'amour.

CRISOTINE *parodiant sur le même air.*

Honteuse vieillesse,
Quitte la tendresse,
Quitte les amours,
Tes ans ont fait leur cours.
Crois-tu me surprendre,
Pour me faire entendre
Tous ces gros & vilains soupirs,
Et tous ces vieux desirs ;
C'est pour desapprendre
Quels sont les plaisirs.
Qui voudra m'obliger d'aimer
A mon tour,
S'il n'a pas de quoi me charmer,
N'aura pas mon amour.

Me. CRISARD.

Il te faut des soupirs à ta fantaisie ! Aime, ou n'aime pas mon cousin, tu l'épouseras. Il te fait plus d'honneur que tu ne vaut, & nous savons mieux que toi ce qui t'est propre.

CRISOTINE.

Venez, venez à ma défense,

Descendez, mere des amours (1),
Ou je rendrai mes tristes jours
A de cruels parens, dont je tiens la naissance :
Descendez, mere des amours,
Venez, venez à mon secours.

Me. CRISARD.

Tu n'as point de véritable mere que moi, petite coquine, & ta mere des amours ne t'empêchera pas de m'obéïr.

CRISOTINE.

Quand Jupiter visitoit les mortelles,
De sa divinité, mêlée au sang des belles,
Il sortoit des héros si grands, si glorieux,
Qu'ils s'élevoient au rang des dieux :
O Jupiter, voyez comme on me traite !
On vient m'offrir un Pourgeolette,
Qui me seroit des Montifas !
O Jupiter ! ne le permettez pas.

Mr. CRISARD.

Eh bien ! Madame Crisard, falloit-il souffrir ses petites fantaisies ? Voila l'effet de vôtre indulgence.

Me. CRISARD.

Ah ! Monsieur, ne m'en parlez pas : j'aurois le courage de l'étrangler. Mépriser un baron de Pourgeolette : Chef de la maison des Montifas !

___

(1) *Imitation du Prologue de Psyché.*

CRISOTINE.

Ses yeux de perle, & ses dents d'émeraude,
Peuvent chercher une autre Montifaude.

LE BARON.

La patience m'échappe. Allez, petite éventée, allez épouser quelque chanteur de l'opera. Ma cousine a raison : vous ne méritez pas l'honneur que je voulois vous faire. Cherchez un parti, en qui se rencontrent également le bien, le courage & la noblesse. Mon bien est connu de tout le monde. Il y a trois cens ans que mes lettres de noblesse ont été brûlées. On ne voit point l'origine des Montifas. Montifas est noble, & pourquoi ? parce qu'il est Montifas. Voila ses titres & ses papiers. On n'ignore pas en Languedoc le nombre de mes campagnes. Pour des combats singuliers, six à Montpellier, quatre à Beziers, trois à Pezenas, deux à Aigues-mortes; & vingt procedés si beaux, que je les préfere à quarante combats. Autrefois j'ai été impetueux comme mon voisin le Rhône : présentement je suis calme comme mon lac de Pourgeolette; & je pensois achever mes jours doucement avec Crisotine : mais elle est indigne de cet honneur-là. Adieu, petite chanteuse; adieu, mon cousin; adieu, ma cousine : je ne suis pas moins vôtre serviteur, pour toutes les impertinences de vôtre fille. J'ai même obligation à Crisotine : un mariage m'eût acoquiné en Languedoc ; & à peine aurois-je été bon pour faire ma cour aux Etats.

Mr. CRISARD.

Ma justification auprès de vous, c'est que ma fille est folle ; & nous sommes plus à plaindre que vous n'êtes.

Me. CRISARD.

Je suis autant contr'elle, que j'avois été portée à la soutenir. Maudits soient les opera, qui ont rendu ma pauvre fille si folle !

LE BARON.

Adieu, mon cousin ; adieu, ma cousine : les vieux liens suffiront de reste pour entretenir nôtre union.

Me. CRISARD.

Mon cousin, si vous retournez à la cour....

LE BARON.

Si je retourne à la cour ? assez plaisante question ; si je retourne à la cour : Et que ferois-je dans la Province, après avoir rompu mon mariage ?

Me. CRISARD.

Mon cousin, je vous prie de porter nos plaintes au Roi contre les opera.

LE BARON.

Je le ferai, ma cousine; & Baptiste s'en appercevra au premier qui sera representé.

Mr. CRISARD.

Mon cousin, il est trop tard, & il fait trop mauvais tems, pour vous embarquer sur le Rhône. Faites-nous l'honneur de souper & de coucher céans. Monsieur Guillaut soupera avec nous, & Monsieur Millaut, que je voi entrer, ne me refusera pas de vous tenir compagnie.

SCENE II.

Mr. MILLAUT, CRISOTINE, Mr. GUILLAUT, LE BARON, Mr. CRISARD, Me. CRISARD.

Mr. MILLAUT.

JE venois vous remercier, Monsieur, & je reçois une seconde grace, avant que de vous avoir remercié de la premiere.

CRISOTINE.

Dussai-je employer la magie,
Millaut le celebre docteur,
Changera sa theologie,
Et sera sacrificateur.

Mr. MILLAUT.

Et de qui sacrificateur, Mademoiselle ? Sommes-nous au tems des juifs, ou des payens ?

CRISOTINE.

Ou de celui qui lance le tonnerre ;
Ou de ce grand maître Apollon,
Qui préside au sacré valon ;
Ou du terrible Dieu qui commande à la guerre.

Mr. GUILLAUT.

Vous ne manquerez pas d'emploi, Monsieur Millaut, dans le nombre des dieux que vous aurez à servir.

CRISOTINE.

Quels plaisirs pour les nations
D'assister à des sacrifices,
Qui leur rendent les dieux propices
Par le pompeux éclat de leurs devotions.

LE BARON.

Puis que vous voulez que je couche céans, vous me permettrez d'aller un peu à ma chambre.

Mr. CRISARD.

Je vais vous y mener, mon cousin.

LE BARON.

Quoi ! des cérémonies de Province : c'est bien-là que je ne croirois plus être homme de cour.

Mr. CRISARD.

Usez-en comme il vous plaira ; vous êtes le maître de la maison : mais ne croyez pas, je vous prie, que nous ignorions la maniere de vivre du beau-monde.

Le Baron sort.

Mr. MILLAUT.

Monsieur, j'avois bien cru que Mademoiselle vôtre fille aimoit trop les opera : mais de se faire des dieux de ceux de l'opera, comme elle fait, c'est ce que je ne croyois pas. Il seroit inutile de la prêcher ; & il faut attendre la fin de sa folie de quelque secours extraordinaire, qui ne paroît pas encore.

CRISOTINE.

En vain, j'ai sû bannir la crainte,
Qui retenoit ma juste plainte,
Pour crier en tous lieux que tu ne m'aimes plus ;
Tous les cris que je fais, sont des cris superflus :
Tu ne me répons rien. Ah ! fille infortunée,
Je suis abandonnée.

Mr. GUILLAUT.

En ce cas là, Mademoiselle, je vous conseille la vengeance : c'est-là que la fureur devient raison.

CRISOTINE.

Perdons, perdons, qui nous fait outrager :
Mais d'un amant qu'on aime ose-t-on se venger!

Mr. GUILLAUT.

Misérable condition, quand celui qui nous offense nous plaît ! C'est une situation où l'on ne sait ni aimer, ni se venger. Je vous plains, Mademoiselle.

CRISOTINE.

De toutes mes fureurs sa mort est poursuivie ;
Prenez le soin, amour, de conserver sa vie :
Amour, opposez-vous à mon ressentiment ;
Si j'accuse un perfide, excusez un amant ;
Et quand je serai prête à punir un coupable,
Demandez le pardon d'un criminel aimable.

Mr. GUILLAUT.

Un criminel aimable, qui trahit une personne plus aimable que lui, ne mérite pas de pardon.

CRISOTINE.

Ah ! faut-il me venger,
En perdant ce que j'aime ?
Que fais-tu, ma fureur ? où vas-tu m'engager ?
Punir ce cœur ingrat, c'est me punir moi-même.
J'en mourrai de douleur, je tremble d'y songer :
Ah ! faut-il me venger,
En perdant ce que j'aime ?

Ma rivale triomphe, & me voit outrager.
Quoi ! laisser son amour sans peine & sans danger
Voir le spectacle affreux de son bonheur extrême !
Non, il faut me venger,
En perdant ce que j'aime (1).

SCE-

(1) *Médée dans l'opera de Thesée*, *Act. V. Sc. I.*

SCENE III.

TIRSOLET, CRISOTINE, Me. CRISARD, Mr. GUILLAUT, Mr. MILLAUT, Mr. CRISARD.

TIRSOLET *qui paroît.*

EH bien ! cruelle, vengez-vous :
Mais vous vous vengerez sur la même inno‑
cence.
Que si ma mort, helas ! flate vôtre courroux,
Sans avoir jamais fait d'offense,
Je vous la demande à genoux,
Et c'est pour mon amour assez de récompense.
Que pourrois-je esperer de mieux ?
Vous voulez que je meure, & je meurs à vos yeux.

CRISOTINE.
Infidele Thésée !

TIRSOLET.
Vous êtes abusée,
Je ne fus jamais que Cadmus.

CRISOTINE.
Moi, je suis Hermione, & je n'y pensois plus.

TIRSOLET.
Ah ! que ma fidele tendresse
Merite bien quelque caresse.

TIRSOLET & CRISOTINE
ensemble.

Qu'Hermione & Cadmus se donnent tour à tour
Un doux gage de leur amour.
Ils se baisent les mains.

Me. CRISARD.

Impertinente ! ridicule ! Après avoir traité comme tu as fait mon cousin de Montifas, tu oses faire des caresses à un Tirsolet, & en ma présence ? Vîte, qu'on se separe ; qu'on se separe pour jamais.

TIRSOLET.

Je vais partir, belle Hermione ;
Je vais executer ce que le ciel m'ordonne.
Malgré le peril qui m'attend,
Je veux vous délivrer, ou me perdre moi-même.
Je vous voi, je vous dis enfin que je vous aime,
C'est assez pour mourir content (1).

CRISOTINE.

Si tu mourois content, je vivrois malheureuse
Jusqu'au tems que le même sort
Te joindroit mon ombre amoureuse
Aux lieux où les amans s'en vont après la mort.

Me. CRISARD.

Partez, mourez, faites ce que vous voudrez, pourvû que je ne vous voye plus.

---

(1) *Opera de Cadmus*, Acte II. Sc. IV.

CRISOTINE.

Fuyons de ces lieux tyraniques,
Ennemis de toutes musiques ;
Allons, allons à l'opera,
Monsieur Lulli nous recevra.

TIRSOLET.

C'est-là que personne,
Aimable Hermione,
Nos doux chants ne troublera :
Sauvons-nous à l'opera.

Mr. GUILLAUT à Mr. Crisard.

Monsieur, la nature, par un mouvement secret, qu'on appelle instinct, les porte au remede, qui fera sans doute leur guérison. Les opera ont fait naître leur maladie ; les opera la finiront. Il est de ces sortes de fantaisies, comme des amours & des desirs. Laissez joüir ; les desirs finissent : empêchez la joüissance, ils durent toûjours. De même, Monsieur, opposez-vous à ces imaginations, c'est leur donner plus de force ; laissez-leur un libre cours, c'est le moyen de les faire évanoüir. Quand Monsieur Tirsolet & Mademoiselle Crisotine......

Mr. CRISARD.

Vous parlerez mieux quand il vous plaira, Monsieur Guillaut ; & je ne sai pas comment vous avez pû nommer Monsieur Tirsolet, fils de Monsieur Tirsolet, devant Mademoiselle Cri-

Crisotine, descenduë par sa mere des vrais Montifas.

Mr. GUILLAUT.

Quand Mademoiselle Crisotine, & Monsieur Tirsolet auront été six mois au théatre, lassés de répétitions, ennuyés de chanter toûjours, fatigués de s'habiller avec soin, de se deshabiller avec peine, & de faire éternellement la même chose, vous les verrez revenir avec autant de sagesse, qu'ils ont de folie présentement.

Mr. CRISARD.

Oüi, Monsieur Guillaut ; mais une personne de la qualité de ma fille à l'opera, blesseroit trop ma condition ; & j'aimerois mieux voir Crisotine folle toute sa vie, avec de la qualité, que de la voir sage au préjudice de sa naissance.

Mr. GUILLAUT.

Le Roi y a donné ordre, Madame ; on peut être de l'opera, sans faire tort à sa noblesse. Les plus grands Seigneurs du royaume y peuvent danser, avec l'approbation de tout le monde.

Me. CRISARD.

Je n'ai plus rien à dire après cela : vous m'avez mis l'esprit en repos.

Mr. GUILLAUT.

Je ne voi pas qu'il y ait plus aucune objection à me faire. A mon avis, il ne faut pas résister plus long-tems à leur envie.

Mr. MILLAUT.

Je dis plus, Monsieur Crisard, je dis que c'est une nécessité de les laisser aller. L'opinion que Mademoiselle vôtre fille a des dieux, scandalise tout le monde, & il n'y a que l'opera qui lui puisse faire perdre l'extravagance de son opinion. Quand elle verra que les machines les plus merveilleuses ne sont rien que des toiles peintes; que les dieux & les déesses qui descendent sur le théatre, ne sont que des chanteurs & des chanteuses de l'opera; quand elle touchera les cordes, par le moyen desquelles se font les vols les plus surprenans; adieu Jupiter & Apollon, adieu Minerve & Venus. Elle perdra toutes ces imaginations-là; & comme dit Monsieur Guillaut, vous la verrez revenir avec autant de sagesse qu'elle a de folie présentement.

Mr. CRISARD.

Je vous rends graces, Messieurs, de vos bons avis; il n'y en eut jamais de plus sages, & ils vont être executés tout à l'heure. Nous consentons, Crisotine, que vous alliez avec Monsieur Tirsolet à l'opera, & le plûtôt qu'il vous sera possible : les portes vous sont ouvertes ; il ne tiendra qu'à vous de sortir.

Me. CRISARD.

Je voudrois déja les voir partir. Que faites-vous ici, Crisotine ? Après avoir méprisé mon cousin de Montifas, il n'y a plus rien à faire pour vous dans la maison.

CRISOTINE & TIRSOLET.

Finissons, finissons nos plaintes,
Voici la fin de nos contraintes :
Allons à l'opera, pour chanter chaque jour
Des succès de guerre & d'amour.

TIRSOLET.

Le grand Lulli nous donne deux machines,
Qui nous transporteront où nous devons aller.
Là, nous serons assis en personnes divines,
Et par les airs on nous verra voler.

CRISOTINE.

Quittons, quittons la terre,
Allons fendre les airs,
Elevons-nous au dessus des éclairs,
Et voyons sous nos pieds les éclats du tonnerre.
Ils sortent.

Mr. MILLAUT.

Monsieur, vous êtes bienheureux d'être délivré d'une fille aussi folle que celle-là.

Mr. GUILLAUT *assez bas, de peur que Me. Crisard ne l'entende.*

Et plus heureux de n'avoir pas fait le Montifas

tifas vôtre gendre. C'est une espece de fou, dont vous eussiez eu bien de la peine à vous défaire. Donnons-lui à souper aujourd'hui, & le renvoyons demain au lever du Roi.

Mr. CRISARD.

Vous me faites grand plaisir, Monsieur Guillaut, de m'ouvrir l'esprit. Je commence à connoître que nôtre baron est un grand fou. Allons souper avec lui une fois encore, & jamais ne le puissions-nous revoir après cela.

Fin du cinquiéme & dernier Acte.

SUR L'AMITIÉ,

A MADAME LA DUCHESSE MAZARIN.

DE tous ces dits des anciens, que vous avez si judicieusement remarqués, & si heureusement retenus, il n'y en a point qui me touche davantage que celui d'Agesilas, lors qu'il recommande l'affaire d'un de ses amis à un autre. Si Nicias n'a point failli, délivre-le ; s'il a failli, délivre-le pour l'amour de moi : de quelque façon que ce soit, délivre-le. Voyez, Madame, jusqu'où va la force de l'amitié. Un Roi des Lacédémoniens, si homme de bien, si vertueux, si severe ; un Roi qui devoit des exemples de justice à son peuple, ne permet pas seulement, mais ordonne d'être injuste, où il s'agit de l'affaire de son ami.

Qu'un homme privé eût fait la même chose qu'Agesilas, cela ne surprendroit pas. Les particuliers ne trouvent que trop de contrainte dans la vie civile : une des plus grandes douceurs qu'ils puissent goûter, c'est de revenir quelquefois à la nature, & de se laisser aller à leurs propres inclinations. Ils obéissent à regret à ceux qui commandent; ils aiment à rendre service à ceux qui leur plaisent: mais qu'un Roi, occupé de sa grandeur, renonce aux adorations publiques, renonce à son autorité, à sa puissance, pour descendre en lui-même, & y sentir les mouvemens les plus naturels de l'homme, c'est ce qu'on ne comprend pas facilement, & ce qui mérite bien que nous y fassions reflexion.

Il est certain qu'on ne doit pas regarder son prince comme son ami. L'éloignement qu'il y a de l'empire à la sujettion, ne laisse pas former cette union des volontés, qui est nécessaire pour bien aimer. Le pouvoir du prince, & le devoir des sujets, ont quelque chose d'opposé aux tendresses que demandent les amitiés.

Exercer la domination sans violence, c'est tout ce que peut faire le meilleur prince: obéir sans murmure, c'est tout ce que peut faire le meilleur sujet. Or la moderation & la docilité ont peu de charmes: ces vertus sont trop peu animées pour faire naître les inclinations, & inspirer la chaleur de l'amitié. La liaison ordinaire, qui se trouve entre les Rois & leurs courtisans, est une liaison d'interêt. Les courtisans cherchent de la fortune avec les Rois: les Rois exigent des services de leurs courtisans.

Cependant il y a des occasions, où l'embarras des affaires, où le dégoût de la magnificence oblige les princes à chercher dans la pureté de la nature, les plaisirs qu'ils ne trouvent pas dans leur grandeur. Ennuyés de cérémonies, de gravités affectées, de contenances, de représentations, ils cherchent les douceurs toutes naturelles d'une liberté que leur condition leur ôte. Travaillés de soupçons & de jalousies, ils cherchent enfin à se confier, à ouvrir un cœur qu'ils tiennent fermé à tout le monde. Les flateries des adulateurs leur font souhaiter la sincerité d'un ami ; & c'est-là que se font ces confidens, qu'on appelle favoris ; ces personnes cheres aux princes, avec lesquelles ils se soulagent de la gêne de leurs secrets, avec lesquelles ils veulent goûter toutes les douceurs que la familiarité du commerce & la liberté de la conversation peuvent donner aux amis particuliers.

Mais que ces amitiés sont dangereuses à un favori, qui songe plus à aimer qu'à se bien conduire ! Ce confident pense trouver son ami, où il rencontre son maître ; & par un retour imprévu, sa familiarité est punie comme la liberté indiscrete d'un serviteur qui s'est oublié. Ces gens de cour, de qui l'interêt regle toûjours la conduite, trouvent dans leur industrie de quoi plaire, & leur prudence leur fait éviter tout ce qui choque, tout ce qui déplaît. Celui qui aime véritablement son maître, ne consulte que son cœur. Il croit être
en

en sureté de ce qu'il dit & de ce qu'il fait, parce qu'il sent; & la chaleur d'une amitié mal reglée le fait perir, quand la précaution des personnes qui n'aiment pas, lui conserveroit tous les avantages de sa fortune. C'est par là qu'on perd ordinairement les inclinations des princes, plus exacts à punir ce qui blesse leur caractere, que faciles à pardonner ce qu'on fait par les mouvemens de la nature. Heureux les sujets, dont les princes savent excuser ce que la foiblesse de la condition humaine a rendu excusable dans les hommes! Mais ne portons point d'envie à tous ceux qui se font craindre; ils perdent la douceur & d'aimer, & d'être aimés. Revenons à des considérations plus particulieres sur l'amitié.

J'ai toûjours admiré la morale d'Epicure; & je n'estime rien tant de sa morale, que la préference qu'il donne à l'amitié sur toutes les autres vertus. En effet, la justice n'est qu'une vertu établie pour maintenir la societé humaine; c'est l'ouvrage des hommes: l'amitié est l'ouvrage de la nature: l'amitié fait toute la douceur de nôtre vie, quand la justice avec toutes ses rigueurs, a bien de la peine à faire nôtre sureté. Si la prudence nous fait éviter quelques maux, l'amitié les soulage tous: si la prudence nous fait acquerir des biens, c'est l'amitié qui en fait goûter la joüissance. Avez-vous besoin de conseils fideles, qui peut vous les donner qu'un ami? A qui confier nos secrets ; à qui ouvrir vôtre cœur ; à qui découvrir vôtre ame, qu'à un ami ? Et quelle gêne seroit-ce d'être tout resserré en soi-même, de n'avoir que soi pour confident de ses affaires & de ses plaisirs ? Les plaisirs ne sont plus plaisirs, dès qu'ils ne sont pas communiqués. Sans la confiance d'un ami, la felicité du ciel seroit ennuyeuse (1). J'ai observé que les devots les plus détachés du monde ; que les dévots les plus attachés à Dieu, aiment en Dieu les dévôts, pour se faire des objets visibles de leur amitié. Une des grandes douceurs qu'on trouve à aimer Dieu, c'est de pouvoir aimer ceux qui l'aiment.

Je me suis étonné autrefois de voir tant de confidens & de confidentes sur nôtre théatre : mais j'ai trouvé à la fin que l'usage en avoit été introduit fort-à-propos ; car une passion, dont on ne fait aucune confidence à personne, produit plus souvent une contrainte fâcheuse pour l'esprit, qu'une volupté agréable pour les sens. On ne rend pas un commerce amoureux public sans honte ; on ne le tient pas fort secret sans gêne : avec un confident, la conduite est plus sure, les inquiétudes se rendent plus legeres, les plaisirs redoublent, toutes les peines diminuënt. Les poëtes qui connoissent bien la contrainte que nous donne une passion cachée, nous en font parler aux vents,

aux

(1) *Pensée d'un ancien.*

aux ruisseaux, aux arbres, croyant qu'il vaut mieux dire ce qu'on sent aux choses inanimées, que de le tenir trop secret, & se faire un second tourment de son silence.

Comme je n'ai aucun mérite éclatant à faire valoir, je pense qu'il me sera permis d'en dire un, qui ne fait pas la vanité ordinaire des hommes ; c'est de m'être attiré pleinement la confiance de mes amis ; & l'homme le plus secret que j'aye connu en ma vie, n'a été plus caché avec les autres, que pour s'ouvrir davantage avec moi. Il ne m'a rien celé, tant que nous avons été ensemble ; & peut-être qu'il eût bien voulu me pouvoir dire toutes choses, lorsque nous avons été separés. Le souvenir d'une confidence si chere m'est bien doux ; la pensée de l'état où il se trouve m'est plus douloureuse. Je me suis accoûtumé à mes malheurs, je ne m'accoûtumerai jamais aux siens ; & puisque je ne puis donner que de la douleur à son infortune, je ne passerai aucun jour sans m'affliger ; je n'en passerai aucun sans me plaindre.

Dans ces confidences si entieres, on ne doit avoir aucune dissimulation. On traite mieux un ennemi qu'on haït ouvertement, qu'un ami à qui on se cache, avec qui on dissimule (1). Peut-être que nôtre ennemi recevra plus de mal par nôtre haine ; mais un ami recevra plus d'injure par nôtre feinte. Dissimuler, feindre, déguiser,

_____
(1) *Pensée d'un ancien.*

déguiser, sont des défauts qu'on ne permet pas dans la vie civile : à plus forte raison ne seront-ils pas soufferts dans les amitiés particulieres.

Mais pour conserver une chose si précieuse que l'amitié, ce n'est pas assez de se précautionner contre les vices, il faut être en garde même contre les vertus ; il faut être en garde contre la justice. Les severités de la justice ne conviennent pas avec les tendresses de l'amitié. Qui se pique d'être juste, se sent déja méchant ami, ou se prépare à l'être. L'Evangile ne recommande gueres la justice, qu'il ne recommande aussi la charité ; & c'est à mon avis pour adoucir une vertu qui seroit austere, & presque farouche, si on n'y mêloit un peu d'amour. La justice mêlée avec les autres vertus, est une chose admirable : toute seule, sans aucun mélange de bon naturel, de douceur, d'humanité, elle est plus sauvage que n'étoient les hommes qu'elle a assemblés ; & on peut dire qu'elle bannit tout agrément de la societé qu'elle a établie.

L'amitié n'appréhende pas seulement la rigueur de la justice, elle craint les profondes reflexions d'une sagesse qui nous retient trop en nous, quand l'inclination veut nous mener vers un autre. L'amitié demande une chaleur qui l'anime, & ne s'accommode pas des circonspections qui l'arrêtent : elle doit se rendre toûjours maîtresse des biens, & quelquefois de la vie de ceux qu'elle unit.

Dans

Dans cette union des volontés, il n'est pas défendu d'avoir des opinions différentes : mais la dispute doit être une conference pour s'éclaircir, non pas une contestation qui aille à l'aigreur. Il ne faut pas se faire de la passion, où vous ne cherchez que des lumieres. Nos sentimens ne doivent avoir rien de fort opposé sur ce qui regarde la religion. Celui qui rapporte tout à la raison, & celui qui soumet tout à l'autorité, s'accommoderont mal ensemble. Hobbes & Spinosa, qui n'admettent ni prophéties, ni miracles, qu'après un long & judicieux examen, feront peu de cas des esprits crédules, qui reçoivent les révelations de sainte Brigide, la legende des Saints, comme des articles de foi. Il me souvient d'avoir vû de l'alienation parmi des devots, dont les uns alloient à tout craindre de la justice de Dieu, & les autres à tout esperer de sa bonté.

Ce ne seroit jamais fait, si je voulois expliquer ici toutes les choses qui contribüent à établir, ou à ruiner la confiance de ces amitiés. Elles ne subsistent point sans fidelité & sans secret. C'est ce qui les rend sures ; mais ce n'est pas tout, pour nous les rendre agréables. Il se forme une certaine liaison entre deux ames, où la sureté seule ne suffit pas : il y entre un charme secret, que je ne saurois exprimer, & qui est plus facile à sentir qu'à bien connoître. A mon avis, le commerce particulier d'une femme belle, spirituelle, raisonnable,

nable, rendroit une pareille liaison plus douce encore, si on pouvoit s'assurer de sa durée. Mais lorsque la passion s'y mêle, le dégoût finit la confiance avec l'amour ; & s'il n'y a que de l'amitié, les sentimens de l'amitié ne tiennent pas long-tems contre les mouvemens d'une passion.

Je me suis étonné cent fois de ce qu'on avoit voulu exclure les femmes du maniement des affaires ; car j'en trouvois de plus éclairées, & de plus capables que les hommes. J'ai connu à la fin que cette exclusion ne venoit point, ni de la malignité de l'envie, ni d'un sentiment particulier d'aucun interêt : ce n'étoit point aussi par une méchante opinion que l'on eût de leur esprit. C'étoit ; (& cela soit dit sans les offenser,) c'étoit par le peu de sureté que l'on trouvoit en leur cœur, foible, incertain, trop assujetti à la fragilité de leur nature. Telle qui gouverneroit sagement un royaume aujourd'hui, se fera demain un maître, à qui on ne donneroit pas douze poules à gouverner, pour me servir des termes de Monsieur le Cardinal Mazarin. De quoi ne seroient pas venuës à bout Madame de Chevreuse, la Comtesse de Carlisle, la Princesse Palatine, si elles n'avoient gâté par leur cœur tout ce qu'elles auroient pû faire par leur esprits ? Les erreurs du cœur sont bien plus dangereuses que les extravagances de l'imagination. L'imagination n'a point de folies, que le jugement ne puisse corriger :

corriger : le cœur nous porte au mal, & nous y attache malgré toutes les lumieres du jugement.

Video meliora proboque,
Deteriora sequor.

Une femme fort spirituelle (1) me disoit un jour, qu'elle rendoit graces à Dieu tous les soirs de son esprit, & le prioit tous les matins de la préserver des sottises de son cœur. O Lot, ô Lot (2), que vous avez peu à craindre ces sottises ! Rendez graces à Dieu de vos lumieres, & reposez-vous sur vous-même de vos mouvemens. J'en connois de peu interessées, Lot, à remercier Dieu de vôtre esprit. La petite Bouffete consentiroit volontiers que vous eussiez le cœur troublé, & que vous n'eussiez pas l'esprit si libre.

Esprit du premier ordre, que vous donnez de plaisir à vos sujets, de faire admirer en vous tant de raison, & tant de beauté ! Quel plaisir de vous voir mépriser ce discours ennuyeux de beautés, ces fades entretiens de coëffes, de manches, & d'étoffes des Indes ! Quel plaisir de vous voir laisser à la fausse galanterie des autres les corbeilles pleines de rubans, & la gentille canne de Monsieur de Nemours

---

(1) *Mademoiselle de l'Enclos.*

(2) *Charlotte de Nassau, fille de Loüis de Nassau, seigneur de Beverweert, Ambassadeur extraordinaire des Etats generaux en Angleterre.*

Nemours (1) ! Ame élevée au dessus de toutes les ames, quelle satisfaction de vous voir faire un si noble usage de ce que vous avez ; de vous voir regretter si peu ce que vous avez eu, desirer si peu ce que vous n'avez pas !

 Joignez, Madame, joignez le mérite du cœur à celui de l'ame & de l'esprit : défendez ce cœur des rendeurs de petits soins (2) ; de ces gens empressés à fermer une porte & une fenêtre, à relever un gand & un éventail.

 L'amour ne fait pas de tort à la réputation des Dames ; mais le peu de mérite des amans les deshonore. Vous m'offenseriez, Madame, si vous pensiez que je fusse ennemi de la tendresse : tout vieux que je suis, il me fâcheroit d'en être exemt. On aime autant de tems qu'on peut respirer. Ce que je veux dans les amitiés, c'est que les lumieres précedent les mouvemens, & qu'une estime justement formée dans l'esprit, aille s'animer dans le cœur, & y prendre la chaleur necessaire pour les amitiés, comme pour l'amour. Aimez donc, Madame ; mais n'aimez que des sujets dignes de vous. Je me démens ici sans y penser, & défens

---

(1) *Voyez la Princesse de Cleves. Ce roman a été composé par Mr. le Duc de la Rochefoucault, Madame de la Fayette, & Mr. de Segrais. Consultez le Pere le Long dans sa Bibliotheque historique de la France, numero 17427.*

(2) *Voyez la Carte de Tendre, dans le premier tome de la Clelie.*

sens tout ce que je veux permettre. Vous conseiller de la sorte, c'est être plus severe que ceux qui prêchent, & moins indulgent que les confesseurs.

Si mes souhaits avoient lieu, vous seriez ambitieuse, & gouverneriez ceux qui gouvernent les autres. Devenez maîtresse du monde, ou demeurez maîtresse de vous ; non pas pour passer des jours ennuyeux dans cette inutilité seche & triste, dont on a voulu faire de la vertu, mais pour disposer de vos sens avec empire, & ordonner vous-même de vos plaisirs.

Que tantôt la raison severe à vos desirs,
Ne leur permette pas le plus secret murmure ;
Que tantôt la raison facile à vos plaisirs,
Hâte les mouvemens qu'inspire la nature.

Si la confiance est un des grands bonheurs de la vie, goûtez-en la douceur avec vôtre chere Lot ; goûtez-en la douceur avec celui dont vous devez être aussi sure que de vous-même.

A MON HEROS
LE COMTE DE
GRAMMONT,
STANCES IRREGULIERES.

ON peut aimer toute sa vie,
Et si l'ame à l'amour n'est pas trop asservie,
Le plus severe jugement
Ne sauroit condamner un si doux sentiment.

D'abord c'est une pure estime,
Qu'insensiblement on anime
Avec un peu plus de chaleur :
Nous disons mille biens d'un objet qui nous touche,
Et le charme secret qui nous gagne le cœur,
Nous met incessamment le mérite à la bouche.

Cette estime est bien-tôt une tendre amitié,
Cette amitié devient une amoureuse peine ;
C'est un tourment qui plaît ; c'est un bien qui nous gêne,
Et qui veut comme un mal exciter la pitié.

Jamais tel sentiment ne fut une foiblesse ;
Mais un air trop galant sied mal sur le retour :
De tous ceux que j'ai vus toucher à la vieillesse,
Un comte de Grammont peut seul faire l'amour.

Ce n'est point pour lui, destinées,
Que vous avez reglé les tems ;
Son automne est un vrai printems,
Et son air fait honte aux années.

Toûjours errant, & jamais étranger,
De cour en cour, il poursuit quelque belle,
Agréable, & jamais fidele ;
Il mourra plutôt que changer.

Puisse-t-il chaque été pour le bien de la France,
Regler nos Maréchaux sur l'ordre d'un combat ;
Et si bien-tôt on ne se bat,
Reporter à l'amour son autre experience.

Courtray, Mardix, Arras, & dix sieges fameux
Par mille & mille funerailles,
Vingt rencontres & sept batailles,
Doivent contenter nos neveux.

Qui du Rhin orgueilleux vit les rives soumises,
Qui vit les durs combats de Nortlingue & Fribourg,
Auroit pu mediter de belles entreprises
Pour le secours de Philisbourg (1).

Mais le goût des plaisirs l'emporte sur la gloire :
Comte, nous nous devons l'usage de nos jours :
On a peu d'interêt à servir sa memoire,
Puisque c'est pour autrui qu'elle dure toûjours.

Que sert à nos heros de la rendre immortelle,
Si l'on est mort en soi, lorsque l'on vit en elle ?
L'avenir te regarde autant pour le moins qu'eux :
Mais pour cet avenir fameux,

_____

(1) *Philisbourg fut pris | de Septembre 1676.*
par les Allemands le 17 |

Il doit te coûter une vie
Si rare & si digne d'envie,
Que celui qui jadis vit tout sous le Soleil,
Ne vit jamais rien de pareil.

Ce grand sage avec ses proverbes,
Avec sa connoissance d'herbes,
Et le reste de ses talens,
Sans biens comme tu vis n'eût pas vécu deux ans :
Il eut jusqu'à huit cens maîtresses,
Et n'en eut jamais tant que toi :
Il eut de l'Orient les plus grandes richesses,
Mais il pilla sa Reine, & tu donnes au Roi.

Il est vrai qu'il a l'avantage
D'être appellé toûjours le sage,
Lors qu'un prêcheur dans son sermon
Veut faire entendre Salomon :
Mais on dort à ses paraboles ;
Et chacun réjoüi de tes moindres paroles,
Redit après Saint-Evremond,
Il n'est qu'un comte de Grammont.

Savans, qui présidez au temple de mémoire,
Qui faites un métier de dispenser la gloire,
Et vendez sagement à nôtre vanité
Une fausse immortalité,
Amenez vos grands personnages
Rendre au mien leurs humbles hommages,
Et ne vous fâchez point de voir tous vos heros
Confondus par ces quatre mots :
Jamais il ne sera de vie
Plus admirée, & moins suivie.

LETTRE XXIV.

A MONSIEUR LE COMTE DE SAINT-ALBANS (1).

IL n'y a si bonne compagnie qui ne se separe ; & à plus forte raison une societé malheureuse ne doit pas durer toûjours. La nôtre, Mylord, est la plus funeste qu'on ait jamais vûë. Depuis que je joue chez Madame Mazarin, je n'ai pas eu six fois le spadille : le baste vient plus souvent ; mais c'est un fourbe, qui m'engage mal-à-propos, & qui me fait faire la bête. Je ne file que des trois de pique ou de trefle, que des six de cœur ou de carreau. Cependant, Mylord, je benis le ciel, quand on pourroit attendre de moi des lamentations ou des murmures. Graces à Dieu, je donne de bons exemples, & tels que vôtre moitié les peut donner ; exemples néanmoins qui ruïnent mes affaires, & n'accommodent pas les vôtres : ce qui me fit dire hier au soir à

_____
(1) Henri Jermyn, comte de Saint-Albans, chambellan de la Reine mere d'Angleterre.

à la Bellegarde : Je paye & ne jouë plus, & fais ce qu'il me plaît (1).

Confolons-nous, Mylord, nous fommes en meilleure condition que ceux qui gagnent nôtre argent ; car il vaut mieux endurer les injuſtices, que les faire. Madame Mazarin a les mains bonnes, pour voler mes fiches, & pour jetter une carte du talon, quand je jouë fans prendre avec quatre matadors. Je m'adreſſe à Monſieur de Monaco (2), qui me dit ſerieuſement, & avec un air de ſincerité : De bonne foi, Monſieur, Monſieur de Saint-Evremond, je regardois ailleurs. Vôtre ami Monſieur de Saiſſac, rit beaucoup, & ne décide rien : Monſieur Courtin déclare que la vexation eſt grande : Mais toutes les déclarations de Monſieur Courtin font peu d'effet ; l'Ambaſſadeur eſt auſſi peu écouté dans ce logis-là, qu'il feroit à la bourſe, s'il vouloit y juſtifier le chevalier Layton (3). Dans cette extremité, je prens le ciel à témoin, & le ciel n'a pas plus de crédit que l'Ambaſſadeur.

Reve-

(1) Monſieur de Bellegarde, oncle de Madame de Montespan, grand joüeur, & d'une humeur un peu bruſque & capricieuſe, diſoit toûjours, quand il n'étoit pas heureux : je paye, & ne jouë plus ; je fais ce que je veux. Les autres joüeurs en firent une eſpece de proverbe.

(2) Le Prince de Monaco vint faire un tour en Angleterre, en 1676.

(3) Le chevalier Ellis Layton, un des commiſſaires des priſes, que les marchands accuſoient de malverſation.

Revenez, Mylord, venez soutenir vos droits vous-même. La campagne n'est point faite pour vous. Que celui-là se dégoûte du monde, dont le monde est dégoûté ; mais que ceux qui lui sont chers comme vous, y demeurent toute leur vie. Un honnête-homme doit vivre & mourir dans une capitale, &, à mon avis, toutes les capitales se réduisent à Rome, à Londres, & à Paris. Paris ne seroit plus le même pour vous ; des amis que vous y aviez, les uns sont morts, les autres sont en prison : Rome ne vous convient point ; le disciple de saint Paul ne s'accommode pas du lieu où regne le successeur de saint Pierre : Londres, cette bonne & grande ville, vous attend ; c'est-là que vous devez fixer vôtre séjour. Une table fort libre, & de peu de couverts, un hombre chez Madame (1), & chez vous des échets, vous feront attendre la mort aussi doucement à Londres, que Monsieur Des Yveteaux l'a attenduë à Paris. Il mourut à quatre-vingts ans, faisant joüer une Sarabande ; afin, disoit-il, que son ame passât plus doucement (2). Vous ne choisirez pas la musique, pour adoucir la rigueur de ce passage : mais une vole à l'hombre, & à la grimpe trois

---

(1) Madame la duchesse d'Yorck.
(2) Voyez les Melanges d'Histoire & de Litterature de Vigneul-Marville, Tome I. p 154. & suiv. de la seconde edition de Roüen 1701.

as naturels en premier contre trois neufs, termineront assez heureusement vôtre vie. Ce ne sera de long-temps, Mylord, si vous revenez à Londres. Je ne vous donne pas six mois, si vous demeurez à la campagne avec cette mortale noire que vous y avez prise.

IDYLLE

IDYLLE XXV.
EN MUSIQUE.

Ouverture.

SCENE PREMIERE.

LISIS, TIRCIS.

LISIS.

AMOUR, je te rens mes emplois :
Si j'ai vieilli dans ton service,
J'en ai mieux reconnu la rigueur de tes loix,
J'en ai mieux senti le supplice.

TIRCIS.

De tous les dieux reverés autrefois,
Aucun n'avoit moins d'injustice :
Ils sont éteints ces dieux que forma le caprice,
L'amour assujettit les peuples & les Rois.

LISIS.

Qu'il exerce par-tout son tyrannique empire :
Qu'aux champs, à la ville, à la cour,
On fasse des vœux, on soupire ;
Que tous, excepté moi, soient sujets à l'amour.

TIR-

TIRCIS.

Pourquoi vous exemter de cette loi commune ?
Courez du monde entier, en aimant, la fortune :
On aime sur la terre, on aime sur les eaux ;
Même feu dans les bois fait chanter les oiseaux :
Les plantes & les fleurs au printems animées,
Ont l'appetit secret d'aimer & d'être aimées :
 Quittez, Lisis, quittez vôtre travers
  Aimez avec tout l'univers.

LISIS.

 Ne croyez pas que cela nous impose :
  Ne croyez pas que ces discours
Rechantez mille fois au sujet des amours,
  Gagnent sur nous la moindre chose :
  Tircis, n'en soyez point jaloux,
  L'Aminte le dit mieux que vous :
Mais ce droit naturel d'une commune flâme
 Ne peut s'étendre sur mon ame.

TIRCIS.

 Ecoutez mes tristes accens,
Et devinez par eux les peines que je sens.
  J'aime une ingrate, une cruelle,
  Autant orgueilleuse que belle.
  Ecoutez mes tristes accens,
Et devinez par eux les peines que je sens.

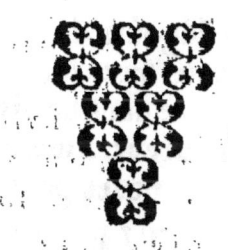

SCENE II.

LISIS, TIRCIS, DAMON.

LISIS.

Tircis, je veux songer au repos de ma vie,
Et d'écouter vos maux ce n'est pas mon envie.

TIRCIS.

Jusques à la fin de mes jours ;
Lisis, je veux aimer, je veux aimer toûjours.

LISIS.

Non, jusqu'à la fin de tes jours :
Non, non, c'est trop aimer, quand on souffre toûjours.

LISIS & DAMON, *basse & dessus.*

Non, non, c'est trop aimer, quand on souffre toûjours.

TIRCIS.

Je m'engage avec peine ;
Une fois engagé
A la plus inhumaine,
Plutôt mort que changé.

LISIS.

Tous ces dégoûts de vivre,
Ces desirs de mourir,
Qu'on trouve dans un livre,
Où de faux malheureux aiment à discourir ;
Le bon-sens ne les peut souffrir.

TIRCIS.

Une passion tendre & pure,
N'aime pas la noire peinture

De

De tourmens inventez, de tous ces feints trépas;
Mais je dirai, Lisis, sans art & sans figure,
Que je préférerois une mort assez dure,
Au malheur ennuyeux de vivre & n'aimer pas.

LISIS.

Il faut se plaire aux objets agréables
Sans se laisser charmer.

TIRCIS.

Pourquoi se défendre d'aimer
Les objets que l'on trouve aimables ?

LISIS.

J'ai passé le tems des desirs,
La raison fait tous mes plaisirs.

DAMON.

Les plaisirs de la vieillesse
Menagez par la raison,
Dans cette froide saison,
Pourroient se nommer tristesse.

LISIS.

La raison m'ôte le tourment,
Où j'étois sensible en aimant.

TIRCIS.

Si tu crains un cœur qui soupire,
Goûte au moins les douceurs de celui qui desire.

LISIS.

Qui permet au cœur les desirs,
Lui défend en vain les soupirs.

TIRCIS.

Triste repos, & sombre nonchalance,
Ennuyeuse inutilité,

Qu'un

DE SAINT-EVREMOND.

Qu'un paresseux appelle liberté,
Tu n'es pour moi qu'une froide indolence.

LISIS.

J'ai passé le tems des desirs,
La raison fait tous mes plaisirs.

Deux flutes & deux violons.

UN DUO.

J'ai passé le tems des desirs,
La raison fait tous mes plaisirs.

Les instrumens.

J'ai passé le tems des desirs,
La raison fait tous mes plaisirs.

Les voix & les instrumens.

J'ai passé le tems des desirs,
La raison fait tous mes plaisirs.

SCENE III.

TIRSIS, LISIS.

TIRCIS.

LEs soupirs & les larmes
Que l'on donne à des charmes,
Honorent le plus jeune, honorent le plus vieux,
A tout âge, en tout tems, l'amour est précieux.

LISIS.

Il n'est pas raisonnable
De donner à l'amour les soupirs & les pleurs,
Qu'un pauvre miserable
Ne doit qu'à ses douleurs.

TIRCIS.

TIRCIS.

Vos plus vives douleurs en aimant seront vaines ;
Tous vos maux suspendus & la nuit & le jour :
Heureux sont les vieillards occupez d'un amour,
Qui leur fait oublier leurs chagrins & leurs peines !

LISIS.

Je porte peu d'envie à vos tendres desirs :
  Content que la sagesse
  Ait soin de ma vieillesse,
Je laisse aux jeunes-gens à pousser des soupirs.

TIRCIS.

  Est-ce que vôtre ame allarmée
  D'aimer & n'être pas animée,
  Auroit honte de desirer
  Ce qu'elle ne peut esperer.

LISIS.

  Les galans de mon âge
  Craignent fort le mépris ;
  Mais ce n'est pas le pis,
Ils craignent les faveurs encore davantage.

TIRCIS.

  La crainte d'une faveur
  Est un peu trop delicate,
  Donnez, Lisis, vôtre cœur,
  Je vous répons d'une ingrate.

LISIS.

Soit foiblesse ou raison, je vivrai sans desirs ;
Un repos innocent fait mes plus doux plaisirs :
  Sans soin, sans peine, & sans envie,
  Coulez, coulez paisible vie.

DE SAINT-EVREMOND.

Les violons.

LE CHOEUR.

Soit foiblesse ou raison, je vivrai sans desirs :
Un repos innocent fait mes plus doux plaisirs :
    Sans soin, sans peine, & sans envie,
    Coulez, coulez paisible vie.

Les violons seuls.

Sans soin, sans peine, & sans envie,
Coulez, coulez paisible vie.

Les flutes seules.

Sans soin, sans peine, & sans envie,
Coulez, coulez paisible vie.

SCENE IV.

TIRCIS, LISIS, DAMON.

TIRCIS.

Notre ame nous doit faire aimer,
Autant de tems qu'elle peut animer.
    Desirs & craintes,
    Tendres atteintes,
    Heureux tourment.
Que l'on souffre en aimant,
Quel bien est comparable aux douceurs de vos plaintes
    Pour un amant !

Deux flutes & deux violons.

LISIS.

Quel bien trouvez-vous à craindre,
Et quelle douceur à vous plaindre ?

TIRCIS.

Triste entretien de mes ennuis,
Vous faites le bonheur de l'état où je suis.

Les flutes.
UN DUO.

Triste entretien de mes ennuis,
Vous faites le bonheur de l'état où je suis.
Deux flutes & deux violons.

LISIS.

Hortence toute aimable en ses moindres discours
  Avec ceux qui peuvent lui plaire,
Usurpe des vieillards le chagrin ordinaire,
  Pour les gronder toûjours.

TIRCIS.

 Non, ce n'est pas qu'on les gronde ;
  Mais l'injuste autorité
 Qu'ils prennent sur tout le monde,
Attire un châtiment assez bien merité.
 Non, non, ce n'est pas qu'on les gronde
On punit seulement l'injuste autorité.

LISIS.

Tel vieillard est honteux de se voir trop docile ;
En public, en secret, on le trouve, dit-on,
Moqueur malicieux, ou discret imbécile,
  Qui ne veut jamais dire non,
Par une honnêteté plus fade que civile.
  S'il louë, il gâte la maison :
  Moins délicat que difficile,
Il condamne souvent avec peu de raison.
Voila, voila, Tircis, l'état doux & tranquille,
D'un vieillard que l'amour tiendroit en sa prison.

TIRCIS.

La raison en amour a trop de secheresse
Esperez tout de la tendresse.

LISIS.

La tendresse en cheveux gris
Ne produit que du mépris.

TIRCIS.

Le moins favorisé dans l'amoureux empire,
Se plaît au mal dont il soupire.

LISIS & DAMON *qui fait la basse.*

Beau moyen pour se rendre heureux,
De n'être point aimé, quand on est amoureux!

Les violons.

Beau moyen pour se rendre heureux,
De n'être point aimé, quand on est amoureux!

LISIS *avec les violons.*

L'amour ne veut de nous que nos jeunes années :
N'approchez pas, infirmitez :
Le culte de ce Dieu, vieilles infortunées,
Ne souffre point vos saletez.

TIRCIS.

Un cœur fidele qui se donne,
Derobe la vieillesse au jour ;
Aux yeux d'une belle personne,
C'est cacher ses défauts que montrer son amour.

LISIS.

On rencontre peu de belles
Coupables de cette erreur ;
Mais je les aime cruelles ;
Partisan de la rigueur.
Je suis contre moi pour elles.
Dans leur juste mépris pour vieillesse & laideur.

TIRCIS.

Je ne trouve qu'inhumaines :
Et quand j'en perdrois le jour,
Je suivrai toûjours l'amour,
J'aimerai toûjours ses peines.

LISIS.

Dût mon âge caduc avoir un plus long cours ;
Tout le tems de ma vie
Sans desir, sans envie,
J'admirerai toûjours.

TIRCIS.

Qui peut exprimer, quand on aime ;
Cette douce langueur que l'on sent en soi-même !

LISIS.

Tircis, tous ces beaux mouvemens
A les bien expliquer, sont de secrets tourmens.

TIRCIS.

Le ciel en nous formant inspira dans nôtre ame
Un principe caché de l'amoureuse flâme.

LISIS.

LISIS.

Le ciel en nous formant inspira dans nos cœurs
Le principe caché de nos plus grands malheurs ;
Il inspira l'amour cette source feconde
    De tous les maux du monde.

TIRCIS.

Si j'osois élever mes vers ,
Je dirois que l'amour entretient l'univers :
C'est lui dont la chaleur anime vôtre veine ,
Qui bien-faisant à tous , se rit de vôtre haine......
    Mais que des concerts charmans
      De nos voix les plus belles ,
        Avec les instrumens
      Appaisent nos querelles.

LE CHOEUR.

Pour finir tous ces beaux discours ;
Chantons, chantons, qu'il faut aimer toûjours :
Chantons, chantons qu'il faut aimer
    Qui peut charmer ,
Chantons qu'il faut aimer toûjours.

Les violons & les hautbois.

LISIS.

Chantons qu'il nous faut admirer
    Sans soupirer ;
Qu'il nous faut admirer toûjours.

TIRCIS.

Depuis que je sers ma cruelle ,
Je fus toûjours discret , je fus toûjours fidelle.

LISIS.

C'est un mérite fort leger ,
Que d'être fidele berger.

TIRCIS.

Je souffre : mais le goût d'une tendre souffrance,
Aux amans délicats, tient lieu de joüissance.

LISIS.

Que durent à jamais
Vos heureuses allarmes,
Vos soupirs & vos larmes ;
Pour moi je veux goûter les douceurs de la paix.

TIRCIS.

O ! bien-heureuses chaînes,
Qui changez en plaisirs les douceurs & les peines !

Un Duo.

Que durent à jamais
Vos heureuses allarmes,
Vos soupirs & vos larmes,
Et que le vieux Lisis aille goûter sa paix.

DAMON.

Si nôtre bon Lisis revoit les mêmes charmes,
Nous aurons fait pour lui d'inutiles souhaits.

LISIS.

Un puissant interêt me presse
De retourner à des charmes si doux :
Qu'aviez-vous fait, vaine ombre de sagesse,
Fausse raison, helas ! que faisiez-vous ?

TIRCIS.

Depuis le tems que je soupire
Sujet de l'amoureux empire,
Ma raison sur mon cœur n'a jamais rien tenté
En faveur de ma liberté.

DAMON.

Lisis, ton ame est souvent revoltée,
Mais la séditieuse aussi-tôt degoûtée

De sa rebellion à celle que tu sers,
Dans un état soumis vient reprendre ses fers.

LISIS.

A mon grand interêt ma flâme est asservie :
Du feu de ses beaux yeux, je reçois les esprits
   Qui conservent ma vie.
Heureux, heureux l'amour dont la vie est le prix !

TIRCIS.

   Heureuse, heureuse est la vie
   Dont l'amour fait tout l'emploi ;
Je haïrois le jour, si je n'avois l'envie
De montrer en vivant ma constance & ma foi.

LISIS.

Jamais rigueur ne m'a coûté de larmes ;
Jamais soupçon n'a mon cœur allarmé :
Je cherche moins les faveurs que les charmes,
Aimant pour vivre & non pour être aimé.

TIRCIS.

Aimons, c'est l'amour qu'il faut suivre,
   Donnons tout à la passion :
Qu'aimer mieux d'un amant fasse l'ambition.

LISIS.

Que celle d'un vieillard soit purement de vivre :
   La vie est le dernier plaisir
   Où doive aspirer son desir.

TIRCIS.

   Beaux yeux que tout le monde adore ?

LISIS.

   Beaux yeux par qui je vis encore !

A deux.

   Peut-on rien trouver de si doux,
   Que de tenir toûjours à vous ?

DA.

DAMON.

Aimez, aimez, c'est l'amour qu'il faut suivre,
Laissez-vous tous deux enflâmer :
Que Tircis vive pour aimer,
Et que Lisis aime pour vivre.

LE CHOEUR.

Aimez, aimez, c'est l'amour qu'il faut suivre ;
Laissez-vous tous deux enflâmer :
Que Tircis vive pour aimer,
Et que Lisis aime pour vivre.

Fin du troisiéme Tome.

TABLE
ALPHABETIQUE
DES MATIERES

Contenuës dans ce troisiéme Tome.

A.

ABlancourt : sa fidélité exacte ne fait pas sa recommandation. *Page* 131. Ses versions estimées. 135

Abondance dégoûte dans le repas, &c. 14
Absences [*les longues*] font mourir les passions, & les courtes les animent. 74
Achille agissant, colere, inexorable, &c. 98
Achille : son caractere fait impression sur l'ame, & l'éleve. 142
Achille avoit des craintes & des douleurs pour Patrocle, & pourquoi ? 137
Acteurs de la Comedie sur les Opera. 154
Agamemnon : son zéle furieux pour sacrifier ses enfans. 58.
Agamemnon sacrifie sa propre fille, & pour quel sujet ? 89.
Agamemnon imprime du respect. 142
Aigues-Mortes : Montifas y a eu deux combats singuliers. 167

Tome III.   D d   *Agesilas*

TABLE

Agesilas : point d'amitié qui touche davantage que la sienne. *page* 280

Affliction : ce qu'elle doit avoir de touchant. 104

Ajax : son courage impetueux donne de l'impatience. 142.

Aimer, est le premier état de l'ame lorsqu'elle s'émeut, &c. 95

Alcibiade : son courage le distingue de celui d'Epaminondas, & en quoi ? 118

Alexandre connoissoit tout, excepté lui-même. 36

Alexandre fait donner le fouet à un jeune garçon. 113

Alexandre avoit des craintes & des douleurs pour Ephestion, par amitié. 137

Alexandre se croit fils de Jupiter, & pourquoi ? 136

Alchimiste entretient les esperances trompeuses d'un vain curieux, &c. 163

Alcione, Tragedie, a été traduite par du Ryer. 147. 148.

Alteration d'esprit cause de l'insomnie. 213

Amans : leur peu de mérite deshonore les Dames. 290

Ame [l'] se fait une raison pour croire qu'elle peut subsister toujours. 46

Ame touchée, ne laisse pas à l'esprit la liberté de penser beaucoup, &c. 94

Ame : [fierté de l'] fait les veritables republicains. 128.

Ame [l'] a peine à se défaire de ce qu'elle sent, & pourquoi ? 92

Ambition de Sylla, & celle de Cesar n'ont pas une parfaite ressemblance. 118

Aminte du Tasse, s'évanouit, & pourquoi ? 205

Aminte : Comedie Italienne. 156

Amitié est l'ouvrage de la nature qui fait toute la douceur de notre vie. 283

Amitié (l') est de tous les liens le plus doux, &c. 11

Amitié : (sur l') à la Duchesse Mazarin. 280

Amitié (l') apprehende la rigueur de la justice, & les

DES MATIERES.

les reflexions de sagesse, &c. page 286

Amitiez de Prince, dangereuses au favori, qui songe plus à aimer qu'à se bien conduire, 282

Amitiez : ne subsistent point sans fidelité & sans secret. 287

Amour de la réunion : on ne la peut inspirer sans ôter la haine de la division. 47

Amour naïf, tendre, douloureux, mal appliqué. 88

Amour (l') de la liberté, a ses ingrats, & l'amour propre les siens. 41

Amour (l') n'a pas de mesures bien reglées, en quelque pays que ce soit. 153

Amour (l') excite & appaise la colere contre un amant. 101

Anciens (les) se servoient de machines, & pourquoi ? 180.

Andelot, brave de sa personne. 124

Andromaque, Tragedie, a esté traduite par Racine. 147, 148.

Antoine avoit de belles qualitez naturelles. 99

*Antonio de Cora*üë, Lieutenant general de la Cavalerie Espagnole, savant & spirituel, desaprouvoit les paresseux, & pourquoi ? 132.

Antonius est envoyé assembler des troupes avec Petreïus. 117

Appetit [l'] donne de l'exercice à la chaleur naturelle. 73

Ariane de Lambert : n'a pas été representée. 219

Arioste a outré le merveilleux des Poëmes par le fabuleux incroyable ; on outre le fabuleux &c. 181

Aristote, premier Auteur des regles du Théâtre. 78

Aristote connoissoit l'usage des Tragedies, & pourquoi ? 83

Aristote dans sa Poëtique a mis la perfection en ce qu'on croyoit de mieux à Athenes. 154

Art du Medecin n'est pas infaillible : on y trouve de grands secours. 212, 213

D d 2 *Aruspices*

TABLE

Aruspices ont abusé les Romains, & ils les ont respectez. *page* 201

Athepiens: susceptibles des impressions de la peur. 83

Astrées [les] donnent la fantaisie d'être bergere. 327

Atys, Opera de Baptiste: ses decorations, ses machines &c. sont admirables. 221

Avanture fâcheuse arrivée au Baron. 250

Aubignac [l'*Abbé d'*] Auteur du Traité pour la pratique du Théâtre. 78

Avenet, en Champagne: ses vins sont bons jusqu'au printems. 70

Audace de Catilina differente de celle d'Antoine. 118

Aveuglement du corps attire la compassion: celui de l'esprit excite à la haine. 48

Auguste: son siecle estimé par la consideration de Virgile & d'Horace.

Auguste fit cesser les désordres, & rétablit la tranquillité. 160

Augures [les] ont abusé les Romains; & ils les ont respectez. 201

Austerité operée dans l'homme par la raison. 58

Auvilé: ses vins sont bons jusqu'au printems. 70

Ay produit des vins excellens jusqu'au printems. 70

B.

Babylone: l'idée confuse de ses grandeurs avoit gâté plûtôt qu'élevé leur imagination. 146

Bacon se plaignoit des Historiens, & de quoi? 111

Baron [le] chante ridiculement. 263. 264. 265

Baron de Pourgrolettes propose de se marier, & veut qu'une honnête galanterie precede le mariage. 241

Bartholomeww-Fair: Comedie Angloise composée par Ben-Johonson. 166

Belle affligée: nouveau charme qui unit les tendresses par les impressions de l'amour & de la pitié. 103

Bellegarde, oncle de Madame de Montespan: grand joueur

joueur &c. 296

Ben-Johnson, Auteur de la Comedie qui a pour titre, Bartholomeuw-Fair. 166

Berenice renvoyée en Judée, & pour quel sujet ? 97

Beziers : Montifas y a eu quatre combats singuliers. 267.

Bouffonnerie (la) ne divertit que par de petits intervalles. 157

Bouffons de la Comedie Italienne sont inimitables. 157

Bossuet (Jacques-Benigne) Evêque de Condom, & ensuite de Meaux, a fait les Oraisons funebres de la Reine d'Angleterre, & de Madame. 25

Brebeuf tourne une image noble de Caton, élevé au dessus des Dieux. 134

Brebeuf : ses versions de deux Poëmes Latins & François, generalement estimées. 133.

Brigide (Sainte) : Ses revelations doivent-elles être reçues comme articles de foi ? 287

Bristol (le Comte de) : Son reproche sur le défaut de vrai-semblance aux pieces Italiennes. 162

Britannicus, Tragedie, a été traduite par Racine. 147. 148.

Brûler, est un état violent de l'ame, sujet aux inquiétudes &c. 95

Brutus sacrifie le sentiment de la reconnoissance à celui de la liberté. 43

Buckingham (le Duc de) ami de M. de Lionne. 6

Buckingham : ses piques contre le Cardinal de Richelieu ont armé l'Angleterre contre la France, & pour quel sujet ? 130

Bussi étoit brave du temps du Connétable de Montmorency. 124

C.

CAdmus, Opera : Crisotine dit à son pere de se lire. 104

Calote de M. Guillaut, offerte au Baron qui avoit la tête nuë. *page* 246

Calpremede, Auteur du Roman de Cleopatre a dit des paroles inutiles. 151. 152

Cambert, Auteur d'un Opera qu'il fit jouer à Issy. 174

Cambert passe en Angleterre où il est mort. 175

Candale (*Chausses à la*) : M. Crisard les a portées le premier. 197

Caracteres des Tragedies. 91

Carlisle (*la Comtesse de*) a eu de grands avantages par son esprit : elle les a gâté par son cœur. 288

Carlisle (*la Comtesse de*) : animoit les factions de Vvestminster. 130

Caritides : son caractere se voit dans les fâcheux de Moliere. 259

Catilina, Tragedie Angloise, traduite par Ben-Johnson. 148

Catilina : sa conjuration décrite par Saluste. 112. Homme de méchant naturel. 118

Catilina avoit des qualitez opposées, & en quoi ? 122. 123.

Caton a plus fait pour Lucain, que n'ont fait pour Virgile Jupiter, Mercure, &c. 82

Caton : sa probité est autre que celle de Catulus. 118

Caton : son animosité contre Cesar, a servi à ruiner la liberté. 127

Cervantes en Don Guichotte : la lecture nous forme un bon goust. 20

Cervantes se moque des combats fabuleux des Chevaliers, &c. 96

César faiseur de Commentaires. 33

César a plus fait pour Lucain, que n'ont fait pour Virgile Jupiter, Mercure, &c. 82

César a fait une harangue à l'occasion de la loi Portia. 112.

César a composé une Tragedie. 160

Chaleur d'amitié mal reglée fait perir. 285

Champagne

DES MATIERES.

Champagne (la) fournit d'excellens vins pour toutes les saisons. page 70

Chansons désobligeantes, chantées par Crisotine au nez du Baron. 252

Chansons de Boisset attirent l'admiration de Luigi. 178

Chant des Opera contre la nature, blesse l'imagination. 171

Chapelain a aidé Pinchene à publier les Oeuvres de Voiture après sa mort. 24

Charité (la) a été ordonnée par Jesus-Christ, &c. 53.

Charité (la) nous fait assister & secourir, & procure le soulagement. 57

Charles-Quint avoit une maison dans Ay pour y faire sa provision de vin. 71

Charpentier : Ses versions fort estimées. 132

Châtillon (le Maréchal de) : son courage étoit d'une intrepidité lente & paresseuse. 125

Chevreuse (Madame de) a gâté par son cœur tout ce qu'elle auroit pû faire par son esprit. 288

Claude Ministre, Auteur de la défense de la Reformation. 60

Cleopatre : Roman plein d'avantures, donne lieu à faire des reflexions. 151

Ciceron, faiseur d'oraisons. 33

Ciceron : son caractere, & celui des gens qui lui écrivent. 15

Ciceron a ordre de veiller au salut de la Republique selon son talent. 117

Ciceron : sa fureur contre Antoine a servi à ruiner la liberté, & à établir la tyrannie. 127

Coligni (Gaspard de) Amiral de France, a soûtenu le poids des affaires les plus importantes. 124

Cinthie : sa réponse sur le reproche du Comte de Bristol. 162

Collateraux, sont des heritiers que la nature n'a pas donnez. 207

Combats

Combats singuliers du Baron de Montifas, six à Montpellier. page 267

Comedie Italienne (de la), & de ce que l'on en doit penser. 156

Comedie Angloise, conforme à celles des Anciens pour les mœurs. 163

Comedienne, qui a l'art de plaindre & de pleurer, que lui donne-t-on ? 87

Commentaires de César, parlent des mœurs, des coutumes & de la religion des Gaulois. 112

Commerce des Dames à Paris ne s'entretient pas sans dépense. 239

Commission donnée en chantant. 195

Condition miserable, quand celui qui offense nous plaît. 172

Confidence entiere doit être sans dissimulation. 185

Conquerans (les) font plûtôt executer leurs ordres sur la terre, que d'observer ceux du ciel. 135

Conrart a aidé à Pinchêne à publier les Oeuvres de Voiture après sa mort. 24

Constance Chlore, Empereur Payen, fit abattre les Temples des Chrétiens, &c. 48

Constance est une longue attention aux maux. 10

Constance de Seneque : ce n'est qu'austerité. 68

Contemplation des choses divines ; quel en est l'heureux succés. 53

Convent (le) change la devotion en amour, & quand ? 64.

Convent (le) change l'amour en devotion. 64

Conversation est un plaisir plus sensible que celui de la lecture. 25. 27

Corneille : ses Tragedies plaisent toûjours au lecteur. 21. 22.

Corneille : ce qu'il pense pour le Grec, ou pour un Romain. 29

Corneille : ses beautez pour le Théâtre. 78. 79

Corneille n'a pas plû à la multitude, & en quoi ? 102

Il a aussi-bien entendu la nature que les autres Poëtes. *Ibid. & 103.*

Corneille le jeune est l'Auteur de la Tragedie de Stilicon. 147. 148

Corneille a ôté du Théâtre des Anciens ce qu'il y avoit de barbare, &c. 147

Corneille a cherché le principe des actions des Anciens. 146.

Corneille a l'avantage dans ses Tragedies sur celles de l'Antiquité 144. La grandeur se connoît dans ses œuvres, 145

Crime des Partisans de la reconnoissance, en quoi est-ce qu'il paroît ? 41

Crisard [*Madame*] rend sa perruque au Baron, & fait excuse de la sottise de sa fille. 260

Crisard offre Crisotine au Baron de Pourgeolete. 242

Crisard [*Mr*] consent que Crisotine aille à l'Opera avec Tirsolet. 244

Crisard [*Mr*] Acteur de la Comedie sur les Opera, 185 *& suiv.*

Crisotine endormie, Perrette lui enleve ses Opera, 216.

Crisotine pensant être Hermione, chante un air de l'Opera. 224. 225

Crisotine devenuë folle des Opera : il faut chanter avec elle. 280

Crisotine se fait des Dieux de ceux de l'Opera. 272

Courage, bien & noblesse se rencontrent également dans le Baron de Montifas. 267

Courtisans cherchent de la fortune avec les Rois. 282

Culte superstitieux d'idolatrie des Grecs & des Romains, 46

Curé, dit au Sermon, qu'il n'y a qu'un Dieu. 210

Curion a plus fait pour Lucain, que n'ont fait pour Virgile Jupiter, Mercure, &c. 82

Curiosité fait naître la présomption, & rend hardi & indiscret. 53

Cybele

Cybele : sa descente dans Atys est un chef-d'œuvre page 221.
Cyrus [le Grand] bien instruit sur toutes choses concernant la science de la justice. 35. 36

D.

Decie s'est devoué soi même. 58
Delphes : ses Prêtres étoient fourbes, & n'en étoient pas moins honorez. 200. 201
Descartes promet une démonstration sur l'immortalité de l'ame : ne la prouve pas. 46
Descartes a découvert des véritez qu'Aristote ne connoissoit pas. 78
Devots aiment en Dieu les devots, & pour quel sujet ? 284.
Devot envers les Dieux : cruel & barbare envers les hommes. 89
Devotion superstitieuse : les malheureux doivent s'en défendre. 75
Dieux & Déesses qui descendent sur le théâtre de l'Opera, ne sont que chanteurs, &c. 177
Diomede : sa valeur excite & anime. 142
Disciple de S. Paul, ne s'accommode pas du lieu où regne le Successeur de S. Pierre. 297
Discours sur les bois, jardins, &c. fait une expression bien languissante. 19
Discours sur les Historiens François. 109
Discours du Roy au Baron de Pourgeolette. 257
Disgrace [la] n'a que trop de sa propre pesanteur, &c. 74.
Disgraces [les] exigent la bienséance d'un air douloureux. 69
Disputes [vanité des] de Réligion, & le faux zele des Persecuteurs. 60
Disputes sur la doctrine empêchent la réunion. 54. 55
Divinitez de Théâtre : abus de l'Italie. 180

Doctrine

Doctrine des mysteres établie long-tems après la mort de Jesus-Christ. n. *page* 53
Domination sans violence, c'est ce que peut faire le meilleur Prince. 281

E.

Eau de la Reine d'Hongrie : c'est le present que Gilotin promet à Perrette de la part de son maître. 259.
Eboli [*la Princesse d'*] a causé de grands troubles en Espagne du tems de Philippes II. 130
Effiat [*l'Abbé d'*] éxilé de la Cour. 66
Eloges des Anciens : *Animus audax*, &c..: *subdolus, varius*, &c. 127, 128
Empereurs : de parfaits amans : Princes ridicules. 87
Enclos [*à Mademoiselle de l'*] : stances irregulieres, 76.
Enée a-t-il peu de mérite ? 135
Enée tendre & pitoyable, regrette sa chere Creuse. 140
Enée craint & pleure sur ce qui le regarde, & ses amis. 137. Il regrette de n'avoir pas peri avec Hector. 138
Eneide [*l'*] fable éternelle, où les Dieux sont introduits pour executer toutes choses. 140
Epaminondas : son courage est distingué de celui d'Alcibiade. 118
Epicure : sa morale estimée par la preference qu'il donne à l'amitié sur toutes les autres vertus. 283
Epilogue se peut chanter à la fin d'une Comedie. 174
Epsem-Vvels : Comedie de Shadvvell : ce qu'elle represente ? 166
Espagne : Pays où l'on aime le mieux. 20
Esprit [*l'*] a peine à se dégager de ce qu'il pense, & pourquoi ? 92
Esprit [*l'*] ne s'affoiblit pas dans la lecture comme les sens. 15
Etat miserable des bonnes filles qui portent au Convent leur innocence. 65

Evangile

Evangile [*l'*] recommande la justice & la charité:
pour quelle cause ? 186
Enmolpe : son ridicule a été composé par Petrone.
159.
Eurialius, interesse dans toutes ses avantures. 143
Euripide : modéle des pieces de notre tems. 88
Euripide : ce qu'il dit du peu d'amour d'Achille pour
Iphigenie lors de son sacrifice. 168
Euripide & Sophocle ne sont pas si admirables dans
leurs Tragedies qu'on le dit. 144

F.

Fantaisies d'amours & de desirs : en empêcher la
jouissance, ils durent toujours. 275
Fayette [*Mad. de la*] a composé partie du Roman de la
Princesse de Cleves. 290
Femme voluptueuse : Sempronia en est le modéle par
son esprit hardi & impudique. 119
Femmes plus galantes que passionnées, entrent dans les
intrigues. 153
Felicité du ciel, ennuyeuse sans la confiance d'un ami.
184.
Flateries des adulateurs font souhaiter la sincerité d'un
ami, &c. 182
Foi [*la*] sans les bonnes œuvres est une foi morte. 51
Folie de Crisotine, approche celle de Don Guichotte.
217.
Forfanterie : la plus sure partie de la Médecine. 203
Fortune de Sylla ne se trouva pas au dessus de son in-
dustrie. 120. 121
Fortune [*la*] l'emporte sur les maîtresses, &c. 153
François I. avoit une maison dans Ay pour y faire sa
provision de vin. 71
François [*les*] ont la comprehension lente. 179
François [*beauté du*] dans la traduction, égale celle
du Grec & du Latin. 109

Fra-Paolo

DES MATIERES.

Fra-Paolo, Auteur de l'histoire de son tems : en quoy est-elle ennuyeuse ? *page* 114.
Fribourg, prise par M. le Prince de Condé. 126

G.

Galanterie des Espagnols, est toute venuë des Maures. 112
Galaor [*Don*] préferé à Amadis de Gaule : & par quelle raison ? 96
Gassendi a découvert des véritez qu'Aristote ne connoissoit pas. 78
Gassion (le Maréchal de) : sa valeur utile à tous les momens, &c. 125
Gelinotte de bois, estimable, mais peu à conseiller 71
Generosité (la) : vertu admirable, libre, glorieuse, &c. 43.
Genie de Cambert pour les vers étoit borné, & n'en faisoit qu'à sa fantaisie. 210
Gentils (les) justes & temperans, fermes & constans, &c. 52
Gilotin apporte une perruque à calote au Baron de Pourgeolette. 248
Givri étoit brave du temps de l'Amiral de Coligni. 114
Grecs chantoient dans leurs Tragedies sur le Théatre. 172. 173.
Grotius a penetré les causes de la guerre les plus cachées, &c. 110. 111
Grotius dit que la Hollande est une Republique faite par hazard, qui se maintient par la crainte. 129
Guerre (la) est la science & l'occupation du General. 22.
Guichotte (Don) : la lecture est recommandée à des personnes affligées. 66
Guillaut, Medecin, dit avoir abusé le peuple d'une science où il ne croyoit point. 198
Guillaut (M) consulte M. Crisard pour la maladie

Tome III. Ee de

Crisotine. 227
Guise (les Ducs de) : leurs vertus détaillées, dont la réputation durera. 114

H.

HAine de division : Il la faut ôter pour inspirer l'amour de la réunion. 47
Harangue de César, faite sur la loi Portia. 112
Haye (la) : Pays de l'indolence. 5
Hector : sa valeur infortunée le fait plaindre de tout le monde. 142
Helvidius se pique d'une grande fermeté. 121
Henry VIII. avoit une maison dans Ay pour y faire sa provision de vin. 71
Henry le Grand commence une guerre avantageuse : les Dames l'en retirent, &c. 130
Henry Jermyn, Comte de S. Albans, Chambellan de la Reine d'Angleterre. 295
Hermolaüs avoit conspiré contre la vie d'Alexandre. 112.
Heroïne (sentiment sur l') qui ne faisoit que se lamenter. 102
Heros (grand) : sa mort funeste & tragique, tient l'ame fortement attachée à cet objet important. 165
Heros se fait admirer dans les Tragedies. 89
Heureuse qui se conduit directement sans gêner ses inclinations. 62
Hispanus Flet, &c. 178
Historiens Romains font connoître le dedans de la République par les loix, & le dehors par ses conquêtes. 112
Hobbes & Spinosa, n'admettent ni propheties ni miracles ; ne font pas cas des esprits credules, &c. 287
Hollande, n'est ni libre ni assujettie, & comment ! 130
Homere dépeint le caractere d'Achille agissant, colere, inexorable. 98

Homere : ſes caracteres ſont animez. 142
Homere anime tout. 143
Horace : ſon bon goût en toutes choſes, & pour prouver le ridicule des autres. 17
Horace veut que les loix n'ayent pas été faites pour Achille. 97. 98
Horace deſire la perfection dans les Tragedies. 90
Horace n'a pas éteint l'humanité dans Achille. 98
Huguenot : ne le faut pas croire. 47
Humilité (l') des Saints, contraire aux vertus des Heros. 80

I.

Jacques (*Saint*) ; ſes raiſons de prêcher aux Juifs la néceſſité de faire de bonnes œuvres. 51
Idille en muſique. 299. 300
Imbecilles reconnoiſſans : en quoi eſt-ce qu'ils ſe font connoître ? 42
Immortalité de l'ame : en quoi conſiſte la preuve ? 45
Inconſtance des amis de Cour ; ils en ont moins que ceux de Province. 235
Indolence : qu'eſt-ce que c'eſt dans un vieillard ? 9
Indulgence pour les femmes dereglées, ce que c'eſt ? 45
Ingrat : c'eſt celui qui tait la grace qu'il a reçuë, qui ne la méritoit pas. 39
Ingratitude du cœur, eſt la plus contraire à l'humanité. &c. 39. Celle de l'ame, eſt de ne reconnoître aucun bienfait. 40
Injuſtices : il vaut mieux les endurer que de les faire. 296.
Inquiſition d'Eſpagne : faut-il en ſçavoir le myſtere, pour en écrire l'hiſtoire ? 113
Inſenſez : comment ils comptent ſur la vie ? 45
Joſué feroit un autre effet que Nearque dans la Tragedie. 81
Joye interieure des dévots : d'où elle vient ? 49
Joye interieure des ames devotes : d'où vient-elle ? 49

Iphigenie sacrifiée, sans qu'Achille ait fait paroître son amour pour elle. 98

Isenghien (*la Princesse d'*): ses reflexions sur les avantures du Roman de Cleopatre. 151

Italiens (*les*) ont l'expression fausse & outrée: pourquoi? 177

Italiens (*Vers*): leur force & leur beauté, difficiles à penetrer. 21

Jurisprudence (*la*) est la science, & doit être l'occupation du Juge. 22

Justice (*la*) a des égards dans la distribution des graces, &c 43. Elle n'est ni severe ni rigoureuse. 44

Justice (*la*) que nous nous devons, ne nous doit pas rendre injustes à l'égard des jeunes gens. 13. 14

Justice (*la*) défend de faire injure, & empêche l'oppression. 57. Est-elle nécessaire à l'homme dans la société civile? 58

Justice (*la*) a établi la société parmi les hommes, & la conserve. 36. Elle est rejettée comme une fâcheuse. 37. Sa regularité gêne les personnes liberales & genereuses. *Ibid.*

L.

Labienus a plus fait pour Lucain, que n'ont fait pour Virgile Jupiter, Junon, &c. 82

Lacedemonien de Bocalini, préfere le gibet à la lecture de la guerre de Pize dans Guichardin. 158

Languir, est l'effet d'une flâme pure qui consume doucement. 95

Larmes de l'absence, sont des pleurs de funerailles. 177

Layton (*le Chevalier*) un des Commissaires des prises, accusé de malversations. 296

Lecture (*de la*) & du choix des Livres. 15

Lecture des Romans gâte l'esprit des jeunes personnes, 214.

Legende des Saints, doit-elle être reçûë comme article

cles de foi ? page 287
Lelius : sa politesse brilloit dans Rome de son tems. 16
Lens, prise par le Prince de Condé après la bataille. 120.
Leon X. avoit sa maison dans Ay pour y faire sa provision de vin. 71
Lettre à M. le Comte de Lionne. 1
Lettre au Comte d'Olonne. 66
Lettre à M. le Comte de Lionne. 106
Lettre au Comte de S. Albans, Chambellan de la Reine mere d'Angleterre. 295
Liaison des Rois avec leurs courtisans, est d'interest. 281.
Liberalité (la) ne sçait que dissiper, si la justice ne la regle. 35
Liberalité (la) éleve l'ame au dessus de la consideration du bien. 18
Liberalité de Sylla : en quoi elle étoit particulierement exercée. 120
Livres Espagnols ont du tendre, & sçavent toucher. 20.
Loix (les) fondées sur la justice, ont des differences particulieres : & pourquoi ? 154
Longin a bien entendu l'économie de l'assistance du ciel & de la vertu des grands Hommes. 139. Ce qu'il dit d'Ajax dans son Traité du sublime. 140
Lot : Charlotte de Nassau, fille de Loüis. 289
Lucain : quelles sont les idées qu'il nous donne des grands Hommes ? 82. 83.
Lucain : sa fougue poussée par Brebeuf en notre langue, plus loin qu'elle ne va dans la sienne. 133
Lucain, rempli de la vertu de Caton, le veut élever au dessus des Dieux. 134
Lucrece : ce qu'il dit sur le sacrifice barbare d'Agamemnon. 89
Luxe poli & curieux : qualitez que Tacite donne à Petrone. 121

Lycas

Lycas ; peu discret, importuné souvent.

M.

MAchines merveilleuses des Opera, ne sont que toiles peintes. 277

Machines ne plaisent point au théâtre à des personnes de bon goût. 180

Magistrats aiment l'indépendance, & pourquoi ? 128

Magnificence : le dégoût qu'en ont les Princes les fait chercher les plaisirs, &c. 281. 282

Mairet est l'Auteur de la Tragedie de Sophonisbe. 147

Maitre appelle-t-il son valet en chantant ? &c. 171

Malherbe : ses poësies ont le droit de plaire au lecteur. 21. 22.

Mariage de Crisotine proposé avec le Baron de Montifas. 233

Mariamne, Tragedie, a été traduite par Tristan. 147

Marius, grand homme de guerre, sans capacité dans les affaires, & de la Religion. 116

Maurice (le Prince) son opposition contre Barneveld, ont failli à perdre la Hollande. 127

Mayerne, Medecin, disoit que la forfanterie étoit la plus sure partie de la médecine. 203

Mecenas, protecteur des gens de lettres : il leur faisoit du bien. 16

Meilleraye (le Maréchal de la :) son courage & ardeur après un siege, & dans les combats. 125

Miel de Narbonne : c'est le present que Gilotin promet à Perrette de la part du Baron. 259

Millaut, Theologal de Lyon, dit qu'il n'est pas assuré de sa Theologie. 199

Modeste & galant : c'est l'ajustement du Baron de Pourgeolette. 243

Modulation n'a ni le charme du chant, ni la force agréable de la parole. 170

Mœurs

DES MATIERES.

Mœurs [bonnes] des Huguenots : quels en sont les effets & la cause ? 52

Moïse feroit un autre effet que Nearque dans la Tragedie. 81.

Moliere inspiré par les Anciens du bon esprit de la Comedie, égale Ben-Johnson. 167

Moliere : on trouve dans ses pieces le vrai esprit de la Comedie. 150

Moliere n'a pas enrichi ses Comedies du procedé avec les Dames. 142

Montagne : sa lecture fait mieux connoître l'homme qu'un autre. 68

Montagne (les Essais de) plaisent au lecteur par la ressemblance des sentimens, &c. 21, 22

Montespan [la Dame de] fait ôter l'Opera à Cambert pour le donner à Lulli. 175

Montifas impetueux comme son voisin le Rhône, &c. 267.

Montifas [une] attachée à un Crisard, pis que le vivant attaché au mort. 251

Montmorenci [Anne de], Connétable de France, a soutenu le poids des affaires importantes. 124

Montpellier : le Baron de Montifas y a eu six combats singuliers. 267

Morale [la] forme une bonne conscience. 67

Morale [la] est le penchant des malheureux dont l'imagination est triste, & les pensées serieuses. 107

Mort de Jacques Benigne Bossuet Evêque de Condom, & ensuite de Meaux, Precepteur de M. le Dauphin. 15.

Mort de M. d'Aubigny. 18

Mort de Buneveld. 127

Mort de Georges Villiers, Duc de Bickinham. 169

Mort de Cambert, Maître de la Musique de Charles II. 175.

Mort de M. des Yveteaux. 297

Mort de M. de Lionne, Ministre d'Etat. 7

Morts

Morus Ministre : quelle est son opinion sur sa Religion?
page 51.

Mourir est peu de chose aux Anglois : Images plus funestes que la mort pour les toucher. 149

Musicien : son idée va devant celle du Heros. 172

N.

Nassau [*Charlotte de*] fille de Louis de Nassau, Ambassadeur extraordinaire des Etats Generaux en Angleterre. 189

Nature par instinct porte les amants au remede. 175

Nearque, Acteur de la Tragedie de Polieucte, par Corneille. 80

Nestor a de l'experience, & sa sagesse inspire de la veneration. 182

Nicias perdit l'armée des Atheniens, & se perdit lui-même par sa credulité, &c. 136

Niclas ami d'Agesilas : si Nicias n'a point failli, délivre-le, &c. 180

Nicole [*M.*], Auteur des préjugez legitimes contre les Calvinistes. 60

Nisus interessé dans toutes ses avantures. 149

Noblesse, courage & bien se rencontrent également dans le Baron de Montifas. 187

Norlingue prise par le Prince de Condé après la bataille. 116.

O.

Oedipe : qui pourroit le traduire dans toute sa force? 88.

Oeuvres [*bonnes*] mortes sans la foi. 51.

Oignons, vinaigre & poivre ruinent le goût. 172.

Olives : c'est le present que Gilotin promet à Perrette pour gagner Crisotine en faveur du Baron. 259

Opera d'Italie donnent du dégoût, & en quoi? 175

Opera de Luigi, inimitable pour l'expression des sentimens.

DES MATIERES. 333

mens, & charme de la musique. 176
Opera [les] : Comedie. 185
Opera de Venise, ne sont pas à comparer à ceux de
  Baptiste. 223
Opera [l'] ne fait pas tort à la noblesse. 276
Opinion des Dieux scandalisé : l'Opera la fera perdre.
  177.
Orange [l'] & le sel sont l'assaisonnement le plus general, &c. 72
Orange [le Prince d'] a voulu surprendre Amsterdam,
  & pour quel sujet ? 128
Ovide, ingenieux dans la douleur, &c. 94
Ouvrages de Voiture, ingenieux & polis, fins & delicats. 74

P.

Paix de Nimegue, se fait malgré le Prince d'Orange. 128. 129
Palatine [la Princesse] a gâté par son cœur tout ce
  qu'elle auroit pû faire par son esprit. 288
Pantalon : personnage dont on fait moins de cas dans
  la Comedie, &c. 159
Paralelle des Italiens & des François sur la musique &
  les Opera de Raguenet. 169
Parodie chantée par Crisotine sur un air chanté par le
  Baron. 265
Pardon est de la justice sans rigueur, plûtôt que de la
  clemence. 45
Paris & Helene attirent de l'indignation par le sang
  qu'ils font verser. 142. 143
Passion [la] ne s'oppose point à ce que l'homme a resolu de faire par devoir. 12
Passion [belle] a de la peine à se sauver du ridicule.
  153.
Pastor-Fido : Comedie Italienne. 156
Patras, Conseiller, concurrent de Crisard. 200
Pauline & Severe : leur entretien dans la Tragedie de
  Polyeucte

Polyeucte conserve la reputation de l'Auteur. 81
Penitence d'une fille qui n'a rien fait. 63
Perpetuité de la Foi défenduë contre le Ministre Claude. 4.
Perretre, Actrice de la Comedie sur les Opera. 185. & *suiv.*
Perrin [*l'Abbé*], Auteur des vers de Pomone. 174
Perruque à calote, que Giloth apporte au Baron de Pourceolette. 248
Petreius est envoyé avec Antonius assembler des trouper pour combattre Catilina. 117
Petrone : sa nonchalance : la faut-il suivre ? 67
Petrone : que fit-il à sa mort ? 74
Petrone blâme la Pharsale, & par quelle raison ? 140
Petrone, Auteur du ridicule d'Eumolpe. 159
Pezenas : Montifas y a eu quatre combats singuliers. 267.
Pharsale [*la*] ne doit pas être comparée à l'Eneïde. 82
Pharsale [*la*] n'est qu'une histoire en vers. 140
Philisbourg pris par les Allemands. 203
Philis de Scire : Comedie Italienne. 156
Philosophe explique par leçon de quelle maniere la passion se forme. 93
Pierre [*Saint*] : ses raisons de prêcher aux Juifs la nécessité des bonnes œuvres. 51
Pierre [*le Festin de*] inspire de l'ennui, & fait languir. 148.
Pinchêne, neveu de Voiture, a publié ses œuvres aprés la mort de son oncle. 24
Pitié dépouillée de toute sa foiblesse, que lui reste-t-il ? 86.
Plaintes au Roy contre les Opera : le Baron se charge de les faire, &c. 268. 269
Plaisirs & peines de l'amour : le prologue beau : le tombeau de Climene admiré. 219
Platon défendoit l'usage des Tragedies, & pourquoi ? 93.

Plutarque

DES MATIERES.

Plutarque : sa lecture rend grave & serieux plus que tranquille. 68

Poësie [la] demande un genie particulier contre le bon sens. 17

Poëtes des Comedies, expriment les passions des hommes. 18

Poivre, vinaigre & oignons, ruinent le goût. 72

Politique [la] est la science & l'occupation du Ministre. 21

Politique ridicule : ce que c'est. 163

Polyeucte : son envie de mourir pour Dieu, &c. 31

Polyeucte, principal Acteur de la Tragedie de ce nom par Corneille. 80

Pomone : Opera composé par Cambert Organiste. 174

Pomone : premier Opera François qui a paru sur le Théâtre. 28

Pompée a plus fait pour Lucain, que n'ont fait pour Virgile Jupiter, Junon, &c. 82

Pontifes ont abusé les Romains, qui les ont respectez. 201.

Portia [la Loi] expliquée & soûtenuë par Cesar dans sa harangue. 112

Potage de santé bien naturel, se doit préferer à tous les autres. 71

Pourgeolette [le Baron de] cousin de Madame Crisard. 190.

Pourgeolette [le Baron de] se jette aux pieds de Crisotine pour l'obtenir. 244. 245

Pourgeolette [le Baron de] entre au lever du Roy. 236

Precieuse ridicule de Moliere, & en quoi ? 12

Predestination (le sentiment de la) laisse une ame languissante sans affection, &c. 49

Priam : sa condition miserable touche l'ame. 142

Prince ne doit pas être regardé comme ami. 281

Probité de Caton est differente de celle de Catulus. 118

Problême à l'imitation des Espagnols. 62

Prologue peut être chanté dans la Comedie avec des accompagnemens

accompagnemens. 171

Promesse : s'en acquitter, c'est payer : la noblesse aime mieux être liberale d'idées. 254

Prudence (la) gouverne les Sages, mais ils ne le sont pas en tout temps. 126. 127

Prudence fait éviter quelques maux ; l'amitié les soulage tous. 283. Elle fait acquerir des biens : l'amitié en fait goûter la joüissance. *Ibid.*

Prudes soupirent, & pourquoi ? 62

Psyché, Opera : Crisotine invite son pere de le lire, &c. 204.

Q.

Qveroüalle (la Demoiselle de). depuis Duchesse de Portsmouth. 62

Quinault fait bien en ce qu'on exige de lui. 152

Quinte-Curce met à la bouche d'Alexandre les Loix des Macedoniens, & pour quelle raison ? 112

R.

Rabbins ont abusé des Juifs, qui les ont respectez. 201.

Racine est l'Auteur des Tragedies de Britannicus & d'Andromaque. 147. 148

Ragoûts : sont des especes de poison, &c. 72

Raison [la] & l'autorité s'accommodent mal ensemble 287

Rantzau [le Maréchal de] : sa valeur admirable pour les grandes actions, &c. 125

Reconciliation de la volonté, opere l'intelligence de la doctrine. 55

Reflexion fait connoître la nature des choses, quand elles ne sont passées que par l'impression du sentiment. 12

Reflexions sur nos Traducteurs. 131

Reformation a eu pour prétexte le désordre des gens d'Eglise. 52. *Religion*

DES MATIERES.

Religion Catholique: sa volonté agissante pour plaire à Dieu. 54

Religion differente: & non difference dans la Religion. 47.

Religion Huguenotte: pleine de nouveautez imaginées. 54.

Religion Chrétienne: ses effets sur les vices, & ses mouvemens pour nos amis & ennemis. 58. 59

Religion: le soin nous en doit occuper avant toutes choses. 45

Repetitions à l'Opera, lassent & font revenir de la folie que la musique peut causer. 276

Réponse de M. Arnaud au Ministre Claude. 34

Réponse du Baron de Pourgeolette au Roy. 238

Representation, (l'esprit de la) est preferable à celui de l'harmonie. 172

Representations où l'esprit a peu de part, ennuyent. 157.

Republicains, sont ingrats, &c. 41

Richelieu (le Cardinal de): ses piques contre le Duc de Buckingham ont armé l'Angleterre contre la France. 130

Rochefoucault, (le Duc de la) Auteur en partie du Roman de la Princesse de Cleves. 290

Rohan: Auteur des Reflexions sur les Commentaires de Cesar. 33

Roi miserable: son infortune tient l'ame fortement attachée à cet objet important. 165

Roi des Lacedemoniens, vertueux, severe, juste, ordonne d'être injuste pour l'affaire de son ami. 280

Rois: de parfaits amans; Princes ridicules. 87

Romans: leur lecture gâte l'esprit des jeunes personnes. 214

Rome: le peuple de cette ville étoit fier & hardi dans les combats, & pour quel motif? 84

Rome corrompue, quitte la Tragedie, pour ne voir au Théâtre une image austere de l'ancienne vertu. 160

Tome III. Ff *Roquelaure*

TABLE

Roquelaures (les) fussent demeurez court à l'affront du Baron. 253

Ryer (du) : ses versions fort estimées. 132

Ryer (du) est l'Auteur de la Tragedie d'Alcione. 147. 148.

S.

Sachets de Montpellier: le Baron en fournissoit aux Dames. 239

Sacrement : de quelle maniere on le prenoit, &c. 59

Sacrificateurs chez les Grecs, étoient fourbes, &c. 201

Sagesse : l'homme ne doit s'en vanter que quand les passions sont éteintes & assujetties. 9. 11

Saluste a fait l'histoire de la conjuration de Catilina, & expliqué les Constitutions de la Republique. 112

Saluste : de quel naturel dépeint-il Catilina ? 118

Samson feroit un autre effet que Nearque dans la Tragedie. 81

Scelerat se déteste dans les Tragedies. 89

Scipion : sa politesse brilloit dans Rome de son temps. 16.

Scipion pense avoir commerce avec les Dieux. 136

Scyros [Roi de], Acteur d'Opera. 215

Segrais (M. de) a trouvé le genie de Virgile, &c. 134

Segrais [M. de], Auteur en partie du Roman de la Princesse de Cleves. 290

Segrais donne des loüanges à l'Eneïde, & en est approuvé. 142

Sel [le] est l'assaisonnement le plus general, &c. 72

Sempronia : femme voluptueuse & impudique, faisoit tout entreprendre en faveur de ses amours. 119

Senateur incorruptible, n'a pas la vigilance ni l'activité d'un bon Capitaine. 116

Senef, prise par le Prince de Condé, aprés la bataille. 126.

Seneque se fit couper les veines, & pour quel sujet ? 67

Seneque, sous Neron, prit des idées funestes qui lui firent

DES MATIERES.

firent composer des tragedies. 161

Seneque : sa constance a besoin de s'animer par le souvenir de ses preceptes. 121

Severitez de la justice, ne conviennent pas avec les tendresses de l'amitié. 186

Sidias : sa pedanterie a été composée par Theophile. 159.

Sillery : ses vins sont bons pour toute l'année. 70

Sluse, Chanoine de S. Lambert à Liege, frere de Sluse Secretaire des Brefs, & ensuite Cardinal. 34

Socrate avouë de méchantes inclinations que la Philosophie lui a fait vaincre. 137

Soleil (le) arrêté dans sa course à la priere de Josué, &c. 81

Solus Gallus cantat : il n'y a que le François qui chante. 178

Sophocle : modéle des pieces de notre temps. 88

Sophocle & Euripide ne sont pas si admirables dans leurs ouvrages qu'on le dit. 144

Sophonisbe, Tragedie, a été traduite par Mairet. 147

Sophonisbe, aimée par Syphax, qui en est charmé. 100

Sottise magnifique est chargée de musique, de danses, de machines, de decorations, &c. 171

Soupirs des Italiens, sont des sanglots qui se forment dans la gorge. 177

Sourdias avoit fait les machines de l'Opera de Pomone. 218

Sourdias, [le Marquis de] Inventeur des machines de l'Opera des peines, &c. 174

Sparte : le peuple de cette ville étoit fier & hardi dans les combats, & pourquoi ? 84

Spectacles attirent par le plaisir de les voir, &c. 14

Spectateurs languissans : leur plaisir est l'esperance de voir finir le spectacle. 170

Stances sur la vanité des disputes de religion. 60. 61

Stances irregulieres, sur les premieres années de la Regente 6

F f 2   *Stances*

Stances irregulieres au Comte de Grammont. 292. 293. 294.

Stilicon, Tragedie, a été traduite par Corneille le jeune, 147. 148.

Superstition cause la déroute des armées. 84

Surena, Tragedie de Corneille. 105

Sylla : son ambition ne ressemble pas à celle de Cesar. 118.

Syphax, vieil & infortuné, dépeint par Corneille. 100

T.

Tacite, traite des loix, de défenses, d'accusations & de jugemens, &c. 112

Tacite marque les qualitez de Petrone : en quoi elles consistent ? 121

Temples sont du droit des Souverains, pour les ouvrir & fermer comme il leur plaît. 48

Terence ; ce qu'on voit de lui, fait croire qu'il faut chercher en d'autres tems que celui d'Auguste le bon esprit des Romains. 16 17

Tessy en Champagne : ses vins bons pour toute l'année. 70

Tête [la] ne peut résister à tant de chimeres. 214

Théâtre : école de frayeur & de compassion par ses mouvemens de crainte & de pieté. 83

Theologal fait sa damnation & le salut des peuples : par quelle raison ? 203

Theologie (la) est l'occupation du Prelat, & doit être sa science. 22

Theophile, Auteur de la pedanterie de Sidias. 159

Thesée : Opera de Lulli. 172

Thrasens fait des leçons à celui qui lui porte l'ordre de mourir. 121

Tirsolet Penon de Belle-cour, amoureux de Crisotine. 189

Tirsolet s'imaginant être Cadmus. 224. 225. 226

Tite-Live explique l'abolition des vieilles loix, & l'établissement

tablissement des nouvelles. 112
Titus de Racine : défaut de cette Tragedie. 97
Tourteau [*M.*] Marchand de Lyon, pere de M. Crisard Conseiller au Presidial. 186
Tragedie [*de la*] ancienne & moderne. 78
Tragedie : premier plaisir de l'ancienne Republique, &c. 160
Tragedie : quelles impressions faisoit-elle sur l'ame des spectateurs dans Athenes. 83
Tragedie : propre à élever l'ame, & à former l'esprit. 182.
Tragedies de Sophocle & d'Euripide, sont les modéles des pieces du tems. 83
Tragiques anciens négligent les passions pour être attachez à representer ce qui se passe, &c. 147
Tristan est l'Auteur de la Tragedie de Mariamne. 147
Troyens [*les*] se plaignent de leurs malheurs. 141
Turenne [*le Maréchal de*] donnoit bataille avec facilité. 226

V.

Valeur (*la*) ne fait que détruire, si la justice ne la regle. 35
Valeur [*la*] pousse le courage au-delà du ménagement de la vie. 38
Vvaller, celebre Poëte Anglois. 32
Valet du Baron : il l'appelle. 247
Vapeurs [*les*] tourmentent ; mais étant passées, elles laissent de la gayeté. 107.
Vaugelas : ses Versions bien estimées. 132
Venceslas, Tragedie, a été traduite par Rotrou. 147. 148.
Vers chantez par Crisotine fille de M. Crisard. 191. & suiv.
Vers chantez par Crisotine sur la posture du Baron. 245. 246.
Versenay en Champagne, produit de bons vins pour toute

toute l'année. 70
Vertus : il les faut aimer. 89
Vertu [l'état de la], n'est pas un état sans peine. L'inclination & le devoir se contestent toujours. 12
Vertu & vice : mélange dans une seule qualité que l'on ne peut séparer. 123
Vertu : en quoi est-elle admirable pour les défenseurs de la liberté. 41
Vicaire, dit au prône qu'il n'y a qu'un Dieu. 210
Vices : il est permis de les haïr librement sans les respecter. 89
Vieillesse rappelle les vertus de l'homme quand il les a perduës. 11
Vieillesse : caractere qu'Horace nous en prescrit, doit être gardé. 99
Vieux liens suffisent pour entretenir l'union. 268
Vinaigre, poivre & oignons détruisent le goût. 72
Vineüil, Comte d'Olonne, relegué à Orleans. 66
Virgile pitoyable, fait plaindre les désolez Troyens de tant de malheurs, & par quelle disposition ? 141
Virgile : quelles sont les idées qu'il nous donne des Immortels ? 82. 83
Virgile a donné à Pompée un grand assujetissement aux volontez des Dieux. 135
Virgile : ses caracteres sont fades & dégoûtans. 142
Virgile touche d'une impression juste sans langueur. 94. 95.
Ulysse éveille son esprit par son industrie. 142
Voiture : ses œuvres plaisent au lecteur. 21. 22
Voluptueuses au desespoir, & pourquoi ? 62
Vossius (Isaac) sçavant, mais imbecille par sa credulité. 28
Yvis, Pensionnaire de la Hollande. 128

Y

Y.

Yvetaux (*M. des*) mourut en faisant joüer une sarabande; à quelle fin ? 297

Z.

Zanis : bouffons de la Comedie Italienne. 156

Fin de la Table du troisième Tome.

www.ingramcontent.com/pod-product-compliance
Lightning Source LLC
Chambersburg PA
CBHW060335170426
43202CB00014B/2780